W0417035

Marie Jirásková

Kurzer Bericht über drei Entscheidungen

Die Gestapo-Akte Milena Jesenská

Aus dem Tschechischen
von Kathrin Liedtke
unter Mitarbeit von Vladislav Krtil

Verlag Neue Kritik

Der Text basiert auf einer Artikelserie, die im Oktober 1995 in der tschechischen Zeitschrift »Literarní Noviny« erschien. Er wurde von der Autorin für die deutsche Ausgabe bearbeitet und erweitert.

Gefördert vom Literarischen Colloquium Berlin mit Mitteln des Auswärtigen Amts und der Senatsverwaltung für Kulturelle Angelegenheiten Berlin.

Bildnachweis:
Ola und Stasa Jílovská (Seite 89)
Joachim von Zedtwitz (90, 91, 92)
Alle anderen Photographien und Faksimiles: Archiv Marie Jirásková

Die Deutsche Bibliothek - CIP-Einheitsaufnahme

Jirásková, Marie:
Kurzer Bericht über drei Entscheidungen : Die Gestapo-Akte Milena Jesenská / Marie Jirásková. Aus dem Tschech. von Kathrin Liedtke. - Frankfurt/Main : Verl. Neue Kritik, 1996
Einheitssacht.: Stručná zpráva o trojí volbě <dt.>
ISBN 3-8015-0294-5

© 1996 by Marie Jirásková
Alle deutschsprachigen Rechte Verlag Neue Kritik KG 1996
Satz Delanor Frankfurt
Umschlag Helmut Schade
Druck Claussen & Bosse Leck
ISBN 3-8015-0294-5

Inhalt

Für Marie K.-Sv.

Am zweiten November-Sonntag des Jahres 1939 war von den Dreien, von denen die Rede sein wird, nur Milena Jesenská zu Hause – in der Kouřimská Nr. 6 im Prager Stadtviertel Königliche Weinberge. Joachim von Zedtwitz war zu Mayers gegangen, wo man gemeinsam Milena zum Mittagessen erwartete. Jaroslav Nachtmann saß in der Wohnung von Josef Škalda in der Budečská Nr. 14, im gleichen Viertel, in dem sich die Jesenská-Wohnung befand, und wartete ebenfalls, nur wußte er nicht genau, auf wen. Leider wurde gerade sein Warten erfüllt, während das der Mayers vergeblich blieb.

An diesem Tag kreuzten sich die Wege dreier Menschen, drei Lebensentscheidungen wurden miteinander konfrontiert, aus denen sich weitere schicksalhafte Ereignisse ergaben.

* * *

Bis vor kurzem wußte man weder über die Einzelheiten der Verhaftung der tschechischen Journalistin Milena Jesenská im November 1939 noch über die Gründe der Verhaftung von Joachim von Zedtwitz im März 1940 etwas Genaueres. Wir waren auf die Erinnerungen von Milena Jesenskás Tochter Jana angewiesen, denen wir jedoch eine gehörige

Portion an Phantasie unterstellten.[1] Aber das Erlebnis dieses 12. Novembers 1939 war für das intelligente und aufmerksame zehnjährige Kind wohl so tief und die Ereignisse dieses Tages so dramatisch, daß Honza, wie Jana in Familie und Umgebung genannt wurde, sich jener Tag bis ins kleinste Detail eingeprägt hat.

Das Unglaubliche wird manchmal doch Wirklichkeit, wie wir von Bohumil Hrabal, einem späteren Freund Janas, wissen, und es geschieht etwas, das wir schon nicht mehr erwartet hatten:

– Joachim von Zedtwitz, der in der Schweiz lebt, ist nun auch für die tschechischen Forscher erreichbar und schließt bereitwillig manche Lücke in unseren Erkenntnissen.

– Nach langem Suchen und Nachfragen in verschiedenen Archiven, nach wiederholtem Insistieren, daß von den Unterlagen der Prager Gestapo nur Bruchteile erhalten geblieben seien, brachten mir die heute hilfsbereiten Mitarbeiter des Archivs des Innenministeriums ein Konvolut von Protokollen aus dem sogenannten Fonds Deutsche Prozesse. Dieser Fonds, der Unterlagen vom Volksgerichtshof Dresden und Berlin enthält, stammte aus jenen Beständen, die in den fünfziger Jahren den tschechoslowakischen Sicherheitsorganen von den DDR-Behörden übergeben worden waren. Die etwa siebzig versiegelten Säcke waren damals in einem ebenfalls versiegelten Raum einer Spezialabteilung des Zentralen Staatsarchivs in Prag deponiert worden. Das Material war unsortiert, ohne jegliche Beschriftung und wies kein Register auf. Bis zu diesem Zeitpunkt wußte vielleicht niemand in der Tschechoslowakei, was diese Säcke enthielten. Danach hatten für längere Zeit nur einige Mitarbeiter einer neugegründeten

Studienabteilung der tschechischen Staatssicherheit davon Kenntnis, die die Dokumente 1957 auswerteten. Dabei erhielten sie Informationen über:

– Zivilpersonen aus dem Protektorat Böhmen und Mähren, die im Dritten Reich wegen ihrer Widerstandstätigkeit in Konflikt mit den deutschen Behörden geraten waren;

– Mitarbeiter des illegalen Nachrichtendienstes der aufgelösten tschechoslowakischen Armee, die in Verbindung zur Londoner Exilregierung gestanden hatten;

– tschechische Spitzel von Gestapo, Sicherheitsdienst und Abwehr (viele dieser Konfidenten hat die tschechische Staatssicherheit später für ihre Dienste gewinnen können).

Heute dienen diese Dokumente den Historikern, die sich mit der Geschichte des sogenannten demokratischen tschechischen Widerstandes gegen die Nationalsozialisten beschäftigen, dessen Akteure im Dritten Reich verhaftet und vor deutsche Gerichte gestellt worden waren und über die in der kommunistischen tschechischen Geschichtsschreibung nicht objektiv berichtet werden konnte.

Nach einer Auswertung der Prozeßunterlagen von etwa dreißigtausend tschechischen Widerstandskämpfern, die vor deutsche Gerichte gestellt worden waren, fanden die Mitarbeiter der Studienabteilung der Staatssicherheit Ende der fünfziger Jahre heraus, daß nur etwa sechzehn von ihnen zu einer Zusammenarbeit mit der Gestapo oder zu Aussagen über die Überbleibsel der illegalen antifaschistischen Organisationen, die sich noch in Freiheit befanden, bereit gewesen waren. Die Studienabteilung zog damals die wichtige Schlußfolgerung, daß »die Grundsätze des deutschen Strafrechts auf der Grundlage des Geständnisses des Beschuldigten« basierten. Wer die Folter bei der Gestapo überlebte, wer vor Gericht mit Entschiedenheit die Anklage bestritt und das Glück hatte, daß Indizien für seine Schuld fehlten, der wurde vom Gericht in vielen Fällen freigesprochen. Die Gestapo machte dann allerdings oft von der Möglichkeit der sogenannten Schutzhaft Gebrauch, und so kamen viele, die vom Gericht freigesprochen worden waren, in Konzentrationslager. Diese im Dritten Reich übliche Praxis fand auch im Protektorat Böhmen und Mähren Anwendung. Durch ein Rundschreiben Reinhard Heydrichs vom 24. Oktober 1939 wurde die »Schutzhaft« verschärft und erweitert. Das war keine drei Wochen vor der Verhaftung Milena Jesenskás, über die ein dreiviertel Jahr später »Schutzhaft« verhängt werden sollte.

Die Akte, die das Strafverfahren gegen Milena Jesenská enthält, ist eine der fast fünfhundert Personalakten aus dem erwähnten Fonds.[2]

* * *

Im Jahre 1939 war von den drei Personen unserer Erzählung Milena Jesenská in Böhmen am bekanntesten. Nicht etwa als Freundin Franz Kafkas und Adressatin seiner Briefe, von diesen wußte damals noch kaum jemand. Kafka selbst war zu dieser Zeit wenig bekannt, und als im Jahre 1935 sein Roman »Das Schloß« in Prag erschien, wurde er mehr wegen der künstlerischen Ausstattung durch die tschechische Malerin Toyen wahrgenommen als wegen des Textes des heute so berühmten Autors. Milena Jesenská war zu diesem Zeitpunkt bereits seit zwanzig Jahren als Journalistin bei renommierten tschechischen Tages- und Wochenzeitungen tätig. Sie hatte an die neunhundert Feuilletons, Kolumnen, Polemiken, Übersetzungen und verschiedene Artikel zu Mode und Lifestyle sowie über soziale Probleme publiziert. Ende der dreißiger Jahre schrieb sie ihre berühmten Reportagen aus den Grenzgebieten, Artikel über antifaschistische Emigranten, die in die Tschechoslowakei gekommen waren, über Juden, die aus Österreich geflohen waren, Reportagen aus den Tagen des Münchener Verrats sowie der Besetzung des Landes im März 1939 und der Ausrufung des Protektorats Böhmen und Mähren. Seit den dreißiger Jahren war sie in der antifaschistischen Bewegung tätig, und seit dem Beginn der Moskauer Prozesse und nach der Rückkehr ihres Ehemannes Jaromír Krejcar aus der Sowjetunion hatte sie keine Illusionen mehr, was die totalitären Regime westlich und östlich ihrer Heimatgrenzen betraf – und sie schwieg nicht dazu, wie ihre Artikel in der Zeitschrift »Přítomnost« (»Gegenwart«) bezeugen.

Joachim von Zedtwitz, ein Deutschböhme aus Neuberg bei Asch, war Angehöriger eines weitverzweigten Adelsgeschlechts, das bereits seit dem vierzehnten Jahrhundert bei Asch und Eger ansässig war. Im Jahre 1939 stand der neunundzwanzigjährige Medizinstudent kurz vor dem Abschluß seines Studiums. Durch seine Aktivitäten hatte er sich in der deutschen Studentengemeinde in Prag einen Namen gemacht. Er war Mitglied des Clubs »Die Tat«, der ihm auch seinen Namen verdankte. Polizeiunterlagen zufolge versammelte dieser Club »die deutsche Jugend folgender Parteien: der Deutschen Christlich-Sozialen, der Deutschen Bauernpartei, der Deutschen Sozialdemokraten und der Deutsch-Demokratischen Freiheitspartei«.[3] Der Verein veranstaltete Vorträge und beschäftigte sich mit der Problematik der Emigranten aus Nazideutschland und der Flüchtlinge aus dem Sudetenland*. Er gab auch einige Nummern einer vierzehntägig erscheinenden Zeitschrift heraus, die ebenfalls »Die Tat« hieß und den Untertitel »Demokratische Zeitschrift für Politik und Propaganda« trug. Nach Angaben der Prager Polizeidirektion wurden die Räume des Vereins gleich am 16. März 1939 durch die deutsche Reichsstaatspolizei versiegelt. Offiziell wurde die Vereinigung dann Ende Juni aufgelöst, und die Liquidierung ihres Inventars wurde im Oktober wiederum von der Reichsstaatspolizei vorgenommen.

Zedtwitz hatte Mitte des Jahres 1937 die Demokratische Akademische Arbeitsgemeinschaft gegründet, in der sich die Hochschuljugend versammelte, die sich für die tschechoslowakische Staatspolitik interessierte. Aus Polizeiberichten geht hervor, daß ihre Aufgabe darin bestand, »unter der jungen deutschen Intelligenz, vor allem unter den Studenten, demokratische Ideen zu propagieren. Die Mitglieder dieser Gemeinschaft zahlten keine Beiträge, weil sämtliche Ausgaben, die anfielen, von Zedtwitz beglichen wurden.«[4] Dem Nachrichtendienst lagen Ende der dreißiger Jahre einige, sich zum Teil widersprechende Informationen über Zedtwitz vor.

Polizeiberichte gibt es über den jungen Zedtwitz wesentlich mehr als über die bekanntere Milena Jesenská.[5] Die Lektüre bereitet Vergnügen, wenn auch der Kontext nicht immer verständlich ist. Die meisten Meldungen betreffen Delikte wie Geschwindigkeitsübertretung, verschmutzte Nummernschilder und Parken des Motorrads

* Nach dem Münchener Abkommen vom 29. September 1938, das zur Abtretung der tschechoslowakischen Grenzgebiete an das Deutsche Reich geführt hatte, verließen etwa 300 000 Bewohner ihre Heimat. Es handelte sich vor allem um Tschechen, Juden und deutsche Gegner des Nazi-Regimes.

auf der Fahrbahn. Ein andermal befuhr Zedtwitz in Asch eine Einbahnstraße in Gegenrichtung, in Nová Paka fehlte seinem Motorrad der Auspufftopf. Die Strafe wurde bezahlt, auf Berufung verzichtet etc. Einige seiner »Vergehen« waren weniger harmlos. Am längsten zog sich die Verhandlung über sein strafbares Parken am Wenzelsplatz vor dem Haus Nr. 8 hin, zu dem es am 29. März 1939 gekommen war. Er hatte dort seinen Pkw, Typ Aero 30 mit dem Kennzeichen P-38127, abgestellt, ein Auto, das in die Geschichte eingehen sollte. An diesem Tag war privates Parken auf dem Wenzelsplatz verboten, was unser Fahrer sehr wohl gewußt hatte. Den Strafzettel zu bezahlen, lehnte er ab, es kam zu einer Anzeige, und beim Verhör gestand er das Falschparken, führte aber an, daß noch sehr viele andere Autos dort geparkt hätten. Er wurde schuldig gesprochen und zu einer Geldbuße von fünfzig Kronen verurteilt, ging in Berufung, und die ganze Angelegenheit zog sich weiter hin. Wachtmeister Vaněk gab später zu Protokoll: »An diesem Tag herrschte auf allen Straßen der Innenstadt erhöhtes Verkehrsaufkommen, das die Militärtransporte behinderte. [...] Alle Fahrzeuge, von denen Zedtwitz behauptet, sie hätten dort geparkt, waren Fahrzeuge der Deutschen Wehrmacht.« Das Protokoll stammt vom 20. März 1940. Zu diesem Zeitpunkt konnte man den Beschuldigten allerdings in Prag nicht mehr finden, und es scheint, als hätte sich die tschechische Protektoratspolizei auch zuvor nicht sehr darum bemüht. Schon im Jahre 1937 hatte sich die Prager Polizeidirektion auffallend viel Zeit gelassen, der Konsularabteilung der Deutschen Botschaft in Prag zu antworten, die wissen wollte, ob Joachim von Zedtwitz in Prag gemeldet sei und wie, im positiven Falle, seine Adresse laute. Seine bereits zum dritten Mal gestellte

Anfrage hatte das deutsche Konsulat mit der Behauptung begründet, daß es sich um eine »dringende Scheidungsangelegenheit« handele. Jochi, wie Zedtwitz von seinen Freunden genannt wurde, hatte damals bis zu seiner ersten Hochzeit noch zwei Jahre Zeit. Dafür hatte er aufgrund illoyaler Äußerungen bereits ein Verhör bei der Gestapo in Berlin hinter sich.

Jaroslav Nachtmann kannten nur die Box-Fans. Außerhalb des Rings war er ein unbekannter Mann und führte ein nur mäßig aufregendes Leben.

Er war der Sohn eines tschechischen Lehrers, seine Mutter wurde zweimal geschieden. Weil er die deutsche Sprache nur ungenügend beherrschte, schickte ihn der zweite Stiefvater auf eine deutsche Grundschule nach Svoboda nad Úpou. Später wechselte er von einem Prager Gymnasium auf eine Gewerbefachschule, überall erhielt er ausgezeichnete Zeugnisse, und auch in der Praxis war er erfolgreich. Er wurde diplomierter Zahntechniker, doch diese Tätigkeit war ihm zu eintönig, es fehlte das Abenteuer. Als Zwanzigjähriger meldete er sich 1935 freiwillig zum Grundwehrdienst, währenddessen er eine Unteroffiziersschule besuchte. Vor dem Ausscheiden aus dem Militärdienst im Juli 1937 bat er die Polizeidirektion in Prag um Aufnahme in den Polizeidienst. Er war flink, geschickt, tüchtig, ein guter Sportler – neben dem Boxen schwamm er und fuhr Ski –, er sah gut aus und war ein geselliger Mensch, der nicht nur die Muttersprache beherrschte, sondern auch das Deutsche, und zudem seine Französischkenntnisse zu verbessern suchte. Nach der Aufnahme bei der Polizei tat er sich auf Lehrgängen hervor. Trotzdem kam er weder zur Kriminalpolizei, wie er es sich wünschte, noch zur Geheimen Staatspolizei, wonach er sich sehnte. Statt dessen wurde er zur uniformierten Schutzpolizei abkommandiert und als Mitarbeiter des Verkehrsdienstes auf der Prager Kleinseite eingesetzt. Den Verkehr zu regeln und parkende Autos zu überwachen, war bestimmt nicht das, wovon er geträumt hatte. Mehrfach bat er die Führung der Prager Polizeidirektion um Versetzung zur Kriminalpolizei, aber vergebens. Er war ein junger, ehrgeiziger Niemand. Heute kennt ihn jeder Historiker, der sich mit der tschechischen Kriegs- und Nachkriegsgeschichte beschäftigt. Auf der Grundlage der gut erschlossenen Archivunterlagen entstand Anfang der neunziger Jahre sogar eine Monographie über ihn.[6] Von den Dreien, von denen hier die Rede ist, existieren über ihn die umfangreichsten und aufregendsten Archivfunde. In diesem Text sollen aber nur einige, bisher noch nicht publizierte Angaben über ihn einbezogen werden, darunter vor allem die, die sich auf das Leben von Milena Jesenská beziehen.

* * *

Am 15. März startete die Aktion »Märzwirbel«: Die deutsche Wehrmacht besetzte die »Rest-Tschechei«. Außenminister Chvalkovský teilte um zwei Uhr morgens Premierminister Beran diese Nachricht telefonisch aus Berlin mit, wohin er gemeinsam mit Präsident Hácha von Hitler zitiert worden war.* Die tschechische Regierung trat um drei Uhr zusammen, ab fünf meldete der Rundfunk den bevorstehenden Einmarsch, und ab sechs kam die Nach-

* Mit der Drohung, Prag zu bombardieren, war Präsident Hácha in Berlin gezwungen worden, ein Dokument zu unterschreiben, laut dem er »das Schicksal des tschechischen Landes und Volkes vertrauensvoll in die Hände des Führers« legte.

richt, daß die deutschen Einheiten die Grenzen überschritten hatten und auf dem Vormarsch nach Prag waren.

Milena Jesenská war an diesem Tag auf den Straßen der Stadt unterwegs. Ein Bekannter hatte sie bereits in der Frühe angerufen und geweckt. »[...] ab drei Uhr gingen nach und nach die Lichter an: bei den Nachbarn, gegenüber, unten, oben, schließlich die ganze Straße entlang. Wir standen am Fenster und sagten uns: auch sie wissen es schon. Wir weckten andere durchs Telefon: wißt ihr schon? Ja, sie wußten. Fahle Dämmerung über den Dächern, hinter den Wolken ein blasser Mond, unausgeschlafene Gesichter, eine Tasse heißen Kaffees und regelmäßige Meldungen übers Radio. So kommen die großen Ereignisse zu uns: sachte und unerwartet.«[7]

Das Wetter war trüb an diesem Tag, kalter Schneeregen fiel. Die Menschen weinten in den Straßen der Hauptstadt. Die demobilisierten tschechischen Männer kehrten mit geballten Fäusten nach Hause zurück.

Der Prager Polizeiwachmann Nachtmann vergoß keine Tränen und ballte keine Faust. Vielleicht etwas mißmutig lenkte er an diesem Tag auf der Kleinseitner Kreuzung Klárov die Bewegung der deutschen Truppen. Er trug die ersehnte Uniform, erregte aber keinerlei Interesse und wurde bald darauf abkommandiert und durch einen Militärposten ersetzt.

Und Joachim von Zedtwitz? – Ich weiß nicht, ob es genau an diesem Tag war, aber mit Sicherheit nicht viel später, als er bei den Eltern seines jüdischen Freundes Neumann zu Besuch war. Sie sprachen über die Situation und über mögliche Rettung. »Für uns ist noch Platz in der Moldau«, sagten die Eltern des Freundes. Mit einer solchen Lösung konnte sich der junge Zedtwitz nicht einverstanden erklären: Wie konnte man an Selbstmord denken, wenn es zu kämpfen galt! Wenn das eigene Leben schon verloren war, so sollte man wenigstens noch ein paar Nazis mit in den Tod nehmen.[8]

Milena Jesenská setzte ihren einmal eingeschlagenen Weg fort. Nach dem Anschluß Österreichs im März 1938, dem Münchener Abkommen sowie der Besetzung des Sudetengebietes konnte sie die damals verbreitete Illusion nicht teilen, daß die Situation sich bald bessern oder zumindest beruhigen würde.

»In uns schlummert ein ahnendes Wissen kommender Dinge, das nur übertönt wird durch Verstand, Willen, Wunschdenken, Angst, tägliches Getriebe und Arbeit. Sobald wir uns all dessen bis auf unser innerstes Gefühl entledigt haben, wird uns schlagartig klar: Ich hab's ja gewußt. Nicht umsonst laufen heute so viele von uns herum mit einem ›Ich hab's ja geahnt, ich hab's ja gesagt.‹ Ich glaube ihnen. Alle haben wir es geahnt. Und hätten wir auf unsere innere Stimme gehört, wenn wir allein zu Hause saßen oder matt in der Dämmerung erwachten, und hätten wir unsere Gefühle in Worte zu kleiden vermocht – Gefühle sind echter als die oft verzerrten bewußten Überlegungen –, dann hätten wir sagen können: Wir sehen es kommen. Doch in der Logik der Dinge liegt gleichzeitig ihre Unlogik.«[9]

Vor allem ihre jüdischen Freunde versuchte Milena Jesenská schon im Jahre 1938 davon zu überzeugen, so schnell wie möglich die Tschechoslowakei und später die Tschecho-Slowakei* zu verlassen. Viele von ihnen waren als Emigranten aus Deutschland oder Österreich gekom-

* Als Folge des Münchener Abkommens war die »Zweite Tschecho-Slowakische Republik« entstanden.

men. So gingen ihr erster Mann Ernst Pollak, Willy und Stefanie Schlamm, Alice Gerstl, Henry und Frieda Jacoby ins Ausland. Im letzten Augenblick vor Kriegsbeginn flohen auch die Budíns in die USA, die bis zu ihrer Abreise bei Milena Jesenská gewohnt hatten.

Der Journalist Stanislav Budín erinnert sich in seinen unveröffentlichten Memoiren an die Zeit nach der Münchener Kapitulation, die Demobilisierung, die um sich greifende Verzweiflung, die Hetzjagden und Verleumdungen in der verbliebenen Presse, die fürchterlichen Karrieristen. Über die eigene Situation, seine Ehefrau Hana und die Tochter Rita schreibt er:

»Die Tatsache, daß sich in unserem persönlichen Leben nichts änderte, rief die Illusion hervor, daß alles nicht so schlimm sein würde, daß man das überleben und auf bessere Zeiten warten könne, an denen niemand von uns zweifelte. Der Antisemitismus war auf dem Vormarsch, aber weder ich noch Hana oder Rita haben ihn persönlich zu spüren bekommen. Und trotzdem wurden wir von Freunden gewarnt, daß schlimmere Zeiten kommen könnten und wir für diesen Fall etwas unternehmen müßten. Es war hauptsächlich Milena Jesenská, die ununterbrochen warnte. [...] Vor allem aufgrund ihres Drängens schrieb Hana ihrem Vater nach Rumänien, damit er sich darum kümmerte, daß uns ein amerikanischer Onkel die notwendigen Papiere schickte, die für die Erteilung des amerikanischen Visums notwendig waren.«[10]

* * *

Die Ereignisse waren mit immer größerem Getöse über Europa hereingebrochen – und die Themen, die Milena Jesenská zu ihren Zeitungsartikeln drängten, änderten sich entsprechend. Zwischen Sommer und Herbst 1937 hatte ihre Mitarbeit bei der Wochenzeitschrift »Přítomnost« begonnen, und gleich ihren zweiten Artikel widmete sie dem Leben der deutschen Emigranten in der Tschechoslowakei, von denen es allein in Prag 3 500 gab. Für den Großteil von ihnen sorgte das Wohlfahrtskomitee, denn die Emigranten durften nicht arbeiten und wohnten in provisorischen Unterkünften.

»Ich stand beschämt vor ihnen, denn mich erwartete ein freundliches Heim, Arbeit und ein Morgen. Sollte aber der Boden meiner eigenen Heimat dereinst unter der vernichtenden Explosion erbeben, die ihre Heimat erschütterte, dann werden wir voraussichtlich zusammenstehen gegen den gemeinsamen Feind, und ich hoffe, wir sehen uns dann wieder.«[11]

Sie gab darüber Auskunft, wer diese Leute waren, wie sie lebten, warum sie aus ihrer Heimat fliehen mußten und wie es für viele ständig schlimmer wurde:

»Im Jahre 1933 konnten die Komitees maximal 35 000 Kronen im Monat durch Sammlungen aufbringen. Heute mit Mühe höchstens 8 000. Im Jahre 1934 bekam ein Emigrant noch 6.50 Kronen pro Tag, heute nur noch 4.50. Ein anderes Komitee kann nur noch 3.50 Kronen bezahlen, und in Brünn gibt es gar nur noch 2.60. Die Wohltätigkeit wird in dem Maß geringer, wie die Not steigt. Denn es gibt eine Art Gesetz: Es ist nicht so schwer, eine Katastrophe zu ertragen, aber die lange Stille danach auszuhalten, ist schwer. Wohltätigkeit ist eine Quelle, die langsam versiegt. Und vier Jahre Emigration sind nicht nur Entbehrung, Hunger, Not. Verlassenheit, Einsamkeit, Sehnsucht nach der Heimat und erzwungenes Bettlertum, vier Jahre Emigration sind auch ein schrecklicher, unerträglicher

Seelenzustand. [...] Es sind fremde Menschen, sie sprechen eine fremde Sprache, und sie kommen aus einem fremden Land. Aber eines haben wir gemeinsam: Beim Wort Hakenkreuz zieht sich uns das Herz mit den gleichen Gefühlen zusammen. Dieses Häuflein Vertriebener kann uns lehren, was das Hakenkreuz ist: Sie sind die lebendigen Zeugen einer großen Vergewaltigung und einer mächtigen Lüge.«[12]

Im März 1938 befaßte sich Milena Jesenská mit der Situation in Wien. Wer waren die Wiener »weißen Neger«, die unerwünschten Menschen, die vier Jahre »mit angehaltenem Atem« in Wien lebten und während dieser Zeit lernten, sich auf vielerlei Weise zu verleugnen und zu schweigen, und sich hüteten, aufzufallen oder den geringsten Anlaß zu Mißfallen zu geben, weil sie leben wollten. »Juden, Sozialisten, ehemalige österreichische Patrioten, Monarchisten, hie und da Tschechen und des öfteren auch Katholiken.« Es sollte nicht lange dauern, bis Milena Jesenská selbst als »Jude« gebrandmarkt wurde. Schon jetzt ahnte sie vielleicht, daß sie *alle* vor einer Entscheidung standen:

»Aber es ist und bleibt die größte Krankheit des europäischen Menschen, bereitwillig zurückzuweichen, sich nicht zur Wehr zu setzen, sich zu fügen und unterzuordnen, weil man halt leben muß. Zu wissen, *wie* wir leben wollen, ist das Vordringlichste, und dieses *Wie* ist für ebenso wichtig zu halten wie das Leben selbst. Jeder von uns steht heute vor der schweren Aufgabe, die Grenze zwischen Besonnenheit und Feigheit, zwischen Mut und Tollkühnheit zu finden. Das gilt nicht nur für unsere führenden Politiker, sondern auch für den kleinen und kleinsten Mann.«[13]

Um diese Grenze geht es in all ihren Artikeln aus den Jahren 1938 und 1939, ob sie von den beiden tschechoslowakischen Mobilmachungen (im Mai und September 1938), der Sudentendeutschen Partei, den Henlein-Anhängern handelten oder von den deutschen Sozialdemokraten, dem Münchener Abkommen, davon, wie grausam sich die Situation des Rumpfstaates nach der Okkupation der Grenzgebiete verändert hatte und wie grausam sich damit auch die Situation der deutschen und österreichischen Flüchtlinge in diesem lebensunfähigen Rumpfstaat änderte, in dem es nicht einmal möglich war, von Prag nach Brünn zu fahren, ohne eine Staatsgrenze zu überqueren.

Genauso entschlossen wie Milena Jesenská sich nach dem Münchener Abkommen verhalten hatte, so mutig war sie auch nach dem Einmarsch der Deutschen. Den Emigranten aus den Nachbarländern konnte sie nur noch bei der illegalen Flucht behilflich sein. Als Journalistin versuchte sie noch für kurze Zeit, das Selbstbewußtsein ihres Volkes zu stützen. Ihre Artikel in der »Přítomnost« bildeten einen Gegenpol zu dem Chauvinismus, dem rasenden Gebrüll von Blut, Volk und Rassenreinheit, das schon früher über die Grenzen des Dritten Reiches hinaus oder von den Henlein-Anhängern aus dem Sudetenland zu hören gewesen war. Wenn Milena Jesenská jetzt von ihrem Glauben an das tschechische Volk schrieb, handelte es sich um das Gebet eines tödlich Verwundeten. Sie schrieb von der ruhigen Liebe zum Volk und dem nüchternen Verstand, die »den Typus eines guten Tschechen formten, der nicht viel darüber nachdachte, daß er Tscheche ist.« Aber jetzt, nach der Besetzung des Landes, »reichen unsere ruhige, ausgeglichene Nüchternheit, unser sachliches Auffassungsvermögen nicht mehr. Was wir brauchen, ist eine leidenschaftliche Liebe, die nicht durch den Verstand beschränkt ist. Wir brauchen eine unermeßliche und aufopfernde Liebe. Höchste Opferbereitschaft ist notwendig und Tapferkeit ohne Maß.«[14] Milena Jesenská bewies, daß sie zu beidem fähig war.

Spontan begann sie mit denjenigen zusammenzuarbeiten, die die Menschen durch illegale Druckerzeugnisse informierten und ihnen Mut machen wollten, als das in der legalen Presse nicht mehr möglich war. Daneben hatte sie Kontakt zu Gruppen, die bedrohte Menschen über die Grenze brachten und zu Widerstandskämpfern, die sich der Okkupation entgegenstellten und den Nationalsozialismus mit Gewalt bekämpften.

Noch fünfundfünfzig Jahre später erinnert sich Joachim von Zedtwitz klar an seine damalige Wahrnehmung Milena Jesenskás. Für das Jerusalemer »Yad Vashem« schrieb er im April 1994: »Milena habe ich in dieser Zeit als äußerst intelligent, voll politischer Weitsicht und ungemein tapfer kennengelernt. Ich war damals noch viel zu jung und unreif, um sie ganz zu begreifen, ich wußte aber, daß sie etwas ganz Außerordentliches war.«

* * *

Die tschechische Presse war gleich zu Beginn der Okkupation »gleichgeschaltet« worden, um einen Begriff des Dritten Reiches zu gebrauchen, der in die besetzten Gebiete eingeführt wurde. Diese »Gleichschaltung« mußte auch die liberal-demokratische Wochenzeitschrift »Přítomnost« erfahren, und zwar inhaltlich wie personell. Ihr Chefredakteur Ferdinand Peroutka wurde sofort nach der Besetzung des Landes in der sogenannten Gitteraktion verhaftet. In einer Präventivmaßnahme bemächtigte sich die Gestapo dabei vieler deutscher Antifaschisten, die es nicht rechtzeitig geschafft hatten zu fliehen. Mit dieser Aktion wollte sie aber auch Funktionäre der politischen Parteien und Organisationen sowie bedeutende Persönlichkeiten der tschechischen Intelligenz unter ihre Kontrolle bringen. Über einen Teil der Verhafteten wurde »Schutzhaft« verhängt, ohne Prozeß und sogar ohne Verhör brachte man sie in Konzentrationslager, in der Mehrheit nach Buchenwald. Viele von ihnen wurden später – wenigstens für eine gewisse Zeit – wieder freigelassen, aber in die sogenannte Kartei A eingetragen, in der die Gestapo »Staatsfeinde« erfaßte.

Für die Dauer seiner Abwesenheit betraute Peroutka seine um ein Jahr jüngere Kollegin Milena Jesenská mit der Leitung der Zeitschrift. Da die Nationalsozialisten nicht gleich alle illoyalen Periodika verbieten wollten, warben sie um einige Journalisten, Publizisten, Schriftsteller... Unter den Umworbenen befand sich auch Milena Jesenská, wie aus einem erhalten gebliebenen Zeugnis ihrer Nachbarin aus der Kouřimská Nr. 6 hervorgeht. Beide hatten Wohnungen mit aneinandergrenzenden Terrassen im obersten Stockwerk des Hauses. Svatoslavka Vilimovská erzählte:

»Milena setzte einen glatzköpfigen Mann mit dem Rükken zu mir in den Sessel. Man sprach über die Redaktion der ›Přítomnost‹, der Glatzkopf lobte die schriftstellerischen Fähigkeiten Milenas und forderte sie zum Eintritt in die ›aktivistische‹* Presse auf: ›Mit ihren Fähigkeiten – wir stellen ihnen sämtliche zeitgenössischen Zeitschrif-

* d.h. kollaborationsbereit

ten zur Disposition! Wir machen aus ihnen unsere neue Božena Němcová!‹ versicherte er ihr. Milena lachte und begleite den Herrn aus der Wohnung.«[15]

Danach erzählte sie der Nachbarin von dem Auftritt. Der Kahlkopf war der spätere Minister für Bildung, Schulwesen und Kultur in der Protektoratsregierung Emanuel Moravec, ein ehemaliger Offizier der tschechoslowakischen Armee und Publizist. Nach dem Münchener Abkommen hatte er seine Haltung geändert und vertrat nun die Ansicht, daß man keine Politik machen könne, die nicht der deutschen entgegenkäme.

Die »Přítomnost« zu halten, war schwierig und für sie zu schreiben nicht leichter. Nach dem 15. März publizierte Milena Jesenská noch fünfzehn Artikel und beantwortete einige Leserbriefe. Es war nötig, zu taktieren und vieles zwischen den Zeilen auszudrücken. Ihr letzter Artikel »Mit den Armseligen und Nackten« stammt vom 5. Juli 1939. Neben der Leitung des Wochenblattes hatte sie mühsame Verhandlungen mit den Zensoren zu bestehen. In dieser Zeit besuchte sie häufig eine gute Bekannte, Bozena Nováková, die sich später erinnerte:

»Ich weiß, daß Milena nach der Verhaftung Peroutkas fast täglich, ich glaube, auf die Kleinseite beordert wurde, wo sich das Amt des deutschen Presse-Bevollmächtigten befand – ich glaube, er hieß Wolfgang von Wolmar und die Tschechen nannten ihn Osram von Tungsram*. Milena erschreckten diese Verhandlungen, die eher Verhöre waren. (...) Milena sagte, daß sie so furchtbar nervenzehrend wären, weil die Fragen so sinnlos, so idiotisch seien, stets am Rande des gesunden Menschenverstandes und mehr

* Der Pressereferent des Reichsprotektors hieß Wolfram von Wolmar.

schon auf der anderen Seite, daß sich ihr davon der Kopf drehe und sie schließlich die ganze Nacht einerseits darüber nachgrübele, mit welcher Frage sie sie überfallen könnten und andererseits die Zweifel, wer nun eigentlich der Verrückte sei, diese Faschisten da oder ob sie vielleicht schon selbst um den Verstand gekommen sei.«[16]

Der Journalist Stanislav Budín, der vor der Flucht mit seiner Familie bei Milena Jesenská Unterschlupf gefunden hatte, berichtete kurz nach dem Krieg von einer Vorladung zum Leiter der Presse- und Kulturabteilung des Reichsprotektors Karl Freiherr von Gregory. Als SS-Obersturmbannführer Gregory der Journalistin den auflehnenden Ton ihrer Artikel vorwarf, antwortete Milena Jesenská: »Das liegt daran, daß Ihre Zensoren Deutsche aus dem Sudetenland sind und nicht genug tschechisch verstehen.«[17]

Budín wies darauf hin, daß in der Zeit der sogenannten Zweiten Tschecho-Slowakischen Republik zwischen München und dem 15. März 1938 sowie danach viele Journalisten, denen das Schreiben verboten war, in der »Přítomnost« unter Pseudonym zu Wort kommen konnten, .

Die letzte Nummer der »Přítomnost« erschien am 30. August 1939. In einem Brief an ihren im Londoner Exil weilenden Lebensgefährten Evžen Klinger vom 18. September 1939 (der sich in ihrer Gestapo-Akte befindet) beschrieb sie ihre damalige Situation:

»Arbeit gibt es keine. Zeitungen auch nicht. Abends ist es dunkel. Es gibt wenig zu essen, und Geld ist überhaupt keines da. Soweit es sich überschauen läßt, geht alles, was hier Amt, Rang oder Namen hat, in die Knie. Wir sitzen zu Hause, sind immer zu mehreren, die Menschen sind sich auf einmal sehr nah, können nicht allein sein. Wir sitzen im Dunkeln, mit Heizen wird es wohl nichts mehr, und das Abendessen wird allmählich merkwürdig. Wie die Menschen in alten Zeiten, die Flachs, dann Faden, Stoff und ein Hemd auf der Spindel hergestellt haben – so schaffen wir uns ein Leben, ein privates. Wir singen Lieder und lesen Bücher, zu rauchen gibt es nichts, und die Zimmerdecke ist so weit, weil es dunkel ist. So weit wie der Himmel. Wir gehen mit blauen Taschenlampen durch die Stadt, die keine Stadt ist, und warten darauf, daß jemand klingelt. Am nächsten Tag sind wir vielleicht schon nicht mehr alle zusammen – und dann werden wir plötzlich wieder ein paar mehr. Was wir haben, teilen wir untereinander.

Ich hätte nie gedacht, daß ich es schaffen würde, so wenig Angst zu haben. Außerdem haben wir dafür auch weder Gedanken noch die Zeit.«

Als sie dies schrieb, arbeitete Milena Jesenská bereits in der Illegalität. Wahrscheinlich hatte sie mit Mitarbeitern der illegalen Nachrichtenorganisation um Zdeněk Schmoranz in Verbindung gestanden – viele von ihnen waren Ende August verhaftet worden. Sicher ist, daß sie für die Gruppe der bedeutendsten Widerstandszeitschrift »V boj« (In den Kampf)[18] tätig war, die sich um Josef Škalda formiert hatte, einen ehemaligen, während des Ersten Weltkriegs mehrfach ausgezeichneten Legionär*. (Schmoranz und Škalda haben den Krieg nicht überlebt. Škalda wurde wegen seiner Aktivität für die Gruppe »V boj« hingerichtet.)

* Während des Ersten Weltkrieges waren im Exil bewaffnete tschechoslowakische Einheiten gegründet worden, die die Alliierten militärisch unterstützten. Die Legionäre spielten in der Ersten Republik eine bedeutende Rolle.

Es gilt als sicher, daß Milena Jesenská mit der größten Widerstandsorganisation, der Geheimarmee »Obrana národa« (Verteidigung der Nation) zusammengearbeitet hat, die nach dem 15. März 1939 Generäle und Offiziere der aufgelösten tschechoslowakischen Armee ins Leben gerufen hatten. Diese illegale Militärorganisation hatte zahlreiche Aufgabenfelder und Ziele; an erster Stelle stand die Befreiung und Wiederherstellung des Staates in den Grenzen vor München. In ihre breit angelegte Tätigkeit schloß sie immer mehr Gruppen ziviler Widerstandskämpfer ein. Zu den Aufgaben der »Obrana národa« zählten die militärische und politische Spionage, die illegale Verbindung mit dem Ausland, Sabotage- und Diversionsakte sowie antifaschistische Agitation durch illegale Flugblätter und Zeitschriften. Einen äußerst wichtigen Auftrag hatte die sogenannte Exportgruppe, die illegale Übergänge ins Ausland, entweder nach Polen oder über Belgrad, organisierte. Auf diese Weise sollte vor allem Soldaten die Teilnahme am bewaffneten Kampf gegen das faschistische Deutschland ermöglicht werden.

Wann und wo Milena Jesenská mit ihrer illegalen Widerstandstätigkeit begonnen hat, ist im nachhinein schwer festzustellen. Sie stand in persönlichem Kontakt mit Josef Skalda, aber gleichermaßen auch mit einem Major des Generalstabs der aufgelösten tschechoslowakischen Armee, Jaroslav Hájíček. Hájíček organisierte ein Spionagenetz der »Obrana národa«, und seine Agenten gewannen viele Informanten unter den Zivilisten.[19] Durch die Vermittlung Hájíčeks begann die »Obrana národa« etwa vier Monate nach Erscheinen von »V boj« im August 1939, finanziell wie redaktionell Einfluß auf die Zeitschrift zu nehmen. Als der erste Redakteur, der von der »Obrana národa« benannt worden war, Major Zuska, verhaftet wurde, nahm Major Hájíček mit dem erfahrenen Journalisten Ivan Herben Kontakt auf. Herben, der Redakteur der »Lidové Noviny« gewesen war und Milena Jesenská schon aus den zwanziger Jahren kannte, redigierte die Zeitschrift bis zum Oktober.

Der Aufbau der Widerstandsgruppen und die Entwicklung ihrer Tätigkeit war ein sehr komplizierter Prozeß, die Beteiligten nutzten ihre verschiedenen Kontakte, und oftmals arbeiteten sich nahestehende Menschen in einer Organisation, ohne voneinander zu wissen. Wahrscheinlich hat jemand aus dem Kreis der »Obrana národa« Milena Jesenská zu der Zeitschrift gebracht, vielleicht einer der Journalisten aus der Gruppe von Zdeněk Schmoranz, und ihr Kontakt mit Škalda war erst eine Folge daraus.

Wie viele Artikel sie für die Zeitschrift »V boj« schrieb, ist nicht festzustellen, da sie natürlich nicht namentlich gezeichnet waren. Durch Hinweise von zwei langjährigen Bekannten Milena Jesenskás – Jaroslava Vondráčková und Rokyta Illnerová – konnte ich unlängst einen umfangreichen, an die tschechischen Frauen gerichteten »Leitartikel« Milena Jesenskás identifizieren.* Daß ihre Tätigkeit nicht nur auf Beiträge für die Zeitschrift und deren Verbreitung begrenzt war, gilt als sicher. Über ihre Rolle beim »Export« von Soldaten und Gefährdeten war und wird noch die Rede sein. Schon bald nach dem Krieg schrieb einer der überlebenden Widerstandskämpfer in seinen Erinnerungen, daß Milena Jesenská nicht nur zu den ersten Verhafteten der Gruppe um die Zeitschrift »V boj« ge-

* Der Artikel ist im Anhang des Buches publiziert.

hörte, sondern daß sie sich im Auftrag von Major Hájícek auch darauf vorbereitete, im Falle eines Verrats der Zeitschrift »V boj« eine andere illegale Zeitschrift herauszugeben, die »Gegen den Wind« heißen sollte.[20]

* * *

Den beiden jungen energischen Männern Zedtwitz und Nachtmann verhalfen jeweils Freunde zu ihrer konspirativen Tätigkeit.

Joachim von Zedtwitz wollte Gefährdeten zur Flucht und damit zur Rettung verhelfen – er wollte den Nationalsozialisten Widerstand leisten. Sein junger jüdischer Freund Neumann bot an, jemanden mit einer grauen Visitenkarte vorbeizuschicken, falls er wirklich gegen die Deutschen kämpfen wolle. Kurz darauf tauchte Harold Stovin mit der verabredeten Visitenkarte als Erkennungszeichen auf. Er machte Zedtwitz mit drei weiteren Engländern bekannt, die in Prag als Englischlehrer arbeiteten – Kenneth Ogier, Bill Henson und Mary Johnston –, und brachte ihn zu Milena Jesenská. Hier warteten der Herausgeber des »Prager Tagblattes«, Rudolf Keller, und der Chefredakteur des »Prager Mittag«, Julius Hollos, auf eine Fluchtmöglichkeit. In seinem Zeugnis vom 8. April 1994 für das Jerusalemer »Yad Vashem« schrieb Joachim von Zedtwitz: »In ihrer Wohnung in der Kourimská 6 bin ich vielen Menschen begegnet, die dort Unterschlupf gefunden hatten und sich auf die Flucht über die Grenze nach Polen vorbereiteten. Aus konspirativen Gründen erfuhr ich meistens nicht ihre Namen, manche mag ich auch vergessen haben. Milena und ich wurden uns schnell darüber einig, daß ich ihr bei dieser Arbeit helfen würde. In der Regel habe ich dann mit meinem Auto, Aero Zweisitzer,

Menschen aus Milenas Wohnung abgeholt und sie in die Gegend von Mährisch Ostrau in die Nähe der Grenze gebracht, wo sie von ortskundigen Fluchthelfern, z.B. Slíva, Marenčák u.a., nach Polen gebracht wurden.«

Die genauen Aufgaben von Harold Stovin und den anderen Engländern kannte Zedtwitz nicht, er ahnte sie nur. So wußte er, daß die Engländer in Kattowitz einen Stützpunkt unterhielten, von dem aus die Flüchtlinge nach England verschickt wurden. Er hatte bemerkt, daß Stovin die Situation an der Grenze gut kannte und auch über die Fluchthelfer gut informiert war. Bis heute erinnert er sich an die briefliche Warnung, als Slíva und Marenčák verhaftet wurden: »Der Slivowitz ist nicht zu saufen und der Merunkovice* auch nicht.«[21]

Zedtwitz' Fahrten durch das besetzte Land waren kühn und äußerst riskant. Manchmal genügte schon frisch gefallener Schnee, um die Flucht zu vereiteln, da man zu spät zum Treffen mit den Helfern kam. Einer der Geretteten, Walter Tschuppik, der Herausgeber des »Prager Montag«, schrieb 1947 seinem Retter, der damals gerichtlich um die Aufrechterhaltung seiner tschechoslowakischen Staatsbürgerschaft kämpfte: »Ich bin glücklich zu hören, daß Sie leben. Nun, natürlich kann ich Ihnen bestätigen, daß Sie mich gerettet haben, und zwar unter Riskierung Ihres Lebens. Hinter mir war doch ein Steckbrief, wie Sie wußten. Furchtbar war der Augenblick, als Sie mit Ihrem Wagen in der Nähe von Morávka das Malheur hatten, mit einer Radfahrerin zu kollidieren – mein Gott! Ich dachte, nun wäre alles aus! [...] Die arme, arme Milena Jesenská! Was

* Marillenschnaps aus Mähren

für ein großer, couragierter Mensch war sie doch! Durch sie bin ich an Sie verwiesen worden. Die letzte Nacht verbrachte ich, wie Sie ja wissen, bei ihr in der Wohnung, bis Sie mich abholten. Niemals werde ich Ihnen diesen Dienst vergessen! Sie waren beispiellos beherzt!«

Graf Zedtwitz erinnert sich heute nicht mehr, wie vielen Menschen er auf diese Weise das Leben rettete. Er erinnert sich jedoch, daß einige der Flüchtlinge, die nicht den Fluchthelfern an der polnischen Grenze übergeben werden konnten, von Milena Jesenská aufgenommen wurden. »Sie schickte sie dann auf einem anderen Wege.« Zedtwitz brachte auch zwei junge Flieger nach Nordmähren. Aufgrund seiner engen Zusammenarbeit mit Milena Jesenská und Harold Stovin ist anzunehmen, daß er, ohne es zu wissen, für die »Obrana národa« tätig war.

Der deutsche Überfall auf Polen am 1. September 1939 versperrte den Fluchtweg über Polen. Die Möglichkeit, Juden, bedrohte Antifaschisten und Soldaten in Sicherheit zu bringen, war vorüber. Die Kontakte zwischen Milena Jesenská und Joachim von Zedtwitz waren damit aber noch nicht zu Ende.

Die Aussagen darüber, wie Jaroslav Nachtmann an die Informationen kam, die ihm zu dem so ersehnten Beruf verhalfen, unterscheiden sich in Details. In seinen Erinnerungen, die er in der Untersuchungshaft schrieb und die im Archiv des Innenministeriums in Prag liegen, berichtet er von der Aufdeckung betrügerischer Geschäfte mit »Durchlaßscheinen«.[22] Diese Scheine, die anfänglich von der tschechischen Protektoratspolizei ausgestellt werden durften, berechtigten zur Ausreise über die Grenze. Die Ausstellung solcher Scheine an Juden war verboten.

Nachtmann versuchte den Eindruck zu erwecken, als ob er die Informationen über das Treiben der Betrüger, die gefälschte Durchlaßscheine an Juden verkauften, direkt aus London bekommen hätte.

Andere Quellen erwähnen eine Gruppe von Freunden, die sich in dem bekannten Café Mánes trafen und ihm einen Tip gaben. Sie brachten ihn mit einem jungen Juden zusammen, der Informationen über Betrüger hatte, die von Menschen, die ihr Leben retten wollten, für versprochene Hilfe und gefälschte Ausreisegenehmigungen alles, was die Opfer besaßen, erpreßten. An der Spitze dieser Fälscherbande stand ein Rechtsanwalt aus der Prager Innenstadt. Der junge Nachtmann überprüfte, vervollständigte und skizzierte das Bild des Betrügernetzes. Mit diesem Material ging er zur Leitung der Kriminalpolizei in die Bartholomäusgasse. Endlich konnte er dorthin – und er kam nicht mit leeren Händen. Nun sollte sich sein weiteres Schicksal entscheiden. Der diensthabende Kriminalbeamte ließ ihn nicht zu Ende reden. Derartige Fälle lagen nicht mehr in der Kompetenz der tschechoslowakischen Polizei. Mit solchen Fällen beschäftigte sich ausschließlich die Gestapo.

Jaroslav Nachtmann ging also zur Gestapo, in das Petschek-Palais, das vor kurzem noch der Familie Petschek gehört hatte, deren Nichte mitsamt ihrem kleinen Kind Joachim von Zedtwitz gerade auf den Weg in die Emigration verholfen hatte. In das Palais, in das ein paar Monate später auch Milena Jesenská zu Verhören aus dem Pankrác-Gefängnis geführt werden sollte.

Kommissar Spann hörte Nachtmann aufmerksam zu, und dieser wurde, um den Fall weiterzuverfolgen, von der tschechoslowakischen Polizei abkommandiert. (Im Jahr

1963 gab Nachtmann bei einem Verhör zu Protokoll, daß er für seinen Informanten später einen legalen »Durchlaßschein« besorgt hätte und dieser im Sommer des Jahres 1939 aus dem Protektorat ausreisen konnte, angeblich nach Palästina.)

Von diesem Moment an könnte man über Nachtmann zweifellos einen umfangreichen und spannenden Roman schreiben, doch wir bringen nur bestätigte Fakten in einfachen Sätzen.

Die Gestapo erkannte Nachtmanns Talent zum Geheimdienstspitzel, für die Arbeit als Agent provocateur. Außerdem schätzte man seine Kenntnisse des tschechischen Milieus und der tschechischen Sprache.

In dem Bericht der tschechischen Staatssicherheit aus den sechziger Jahren heißt es: »Ende des Jahres 1939 bietet Kriminalrat Boemelburg Nachtmann den Eintritt in die Gestapo an. Dieser überlegt nicht lange, er ist sofort einverstanden und stellt gleichzeitig einen Antrag auf Zuerkennung der deutschen Staatsbürgerschaft. Diese ist nämlich für die Aufnahme bei der Gestapo erforderlich.«

Aber Nachtmann war schneller gewesen. Bei der leitenden Gestapostelle in Prag hatte er laut der gleichen Quellen bereits seit Frühjahr 1939 gearbeitet, noch als Polizist der tschechischen Protektoratspolizei – also gleich nach der Besetzung des Landes. Und obwohl die Polizeidirektion der Landesbehörde in Prag Nachtmanns Austritt aus den Diensten der tschechischen Polizei zum 12. Dezember 1939 meldet, ist im selben Archivmaterial die Fotokopie eines »Fragebogen zur Feststellung der deutschen Volkszugehörigkeit« erhalten, der von Nachtmann schon am 19. September unterschrieben worden war.[23] Welche Probleme hatten die amtlichen Stellen bei der Volkszählung mit der Kategorie »Nationalität«, und wie einfach löste Nachtmann dieses Problem! Als er im Jahre 1937 den Antrag auf Aufnahme in den Polizeidienst bei der tschechischen Polizei in Prag gestellt hatte, hatte er der Polizeidirektion in einem Gesuch, das in Schönschrift geschrieben war, mitgeteilt: »Als meine Muttersprache beherrsche ich das Tschechische ausgezeichnet in Wort und Schrift und desgleichen die deutsche Sprache, die ich während des Besuchs der letzten Volksschulklassen in Svoboda nad Úpou bei Trutnov vervollkommnen konnte, einer Schule mit Deutsch als Unterrichtssprache.« In der Rubrik »Muttersprache« des »Fragebogens« von 1939 gibt er »deutsch« an und streicht »tschechisch« und »slovakisch«. Auf die Frage: »Welchen deutschen oder tschechischen Vereinen, Verbänden, Gewerkschaften, Berufs- oder sonstigen Organisationen gehören oder gehörten Sie an?« antwortet er entschieden: »In Deutschen Turnverein, Anwärter NSDAP und SS.« Er hatte wohl schon vergessen, daß er früher für den Sportverein »Marathon«, für den Klub C.A.K. Weinberge und B.C. Kladno geboxt hatte. Und als Antwort auf die Frage: »Welche Angaben über Ihre Zugehörigkeit zum deutschen Volke können Sie sonst noch machen [...]«, teilt er seinen neuen Landsleuten ohne Verlegenheit mit: »Ich bin deutsch erzogen, habe deutsche Eltern und deutsche Schulen besucht.« Und natürlich ist er »nach bestem Wissen und Gewissen rein arisch« und hat keine jüdischen Vorfahren. Die deutsche Staatsangehörigkeit erhielt er, laut Stempel auf dem Fragebogen, am 7. Oktober.

Milena Jesenská verhaftete er schon als Jaroslaus, nicht mehr als Jaroslav. Und nicht als Slawe, sondern als Vertreter einer »reinen Rasse«. Doch ist es ihm darum überhaupt gegangen? Er war niemals ein glühender Tschechoslowake

118 N 2228

36

Fragebogen

zur

Feststellung der deutschen Volkszugehörigkeit

(innerhalb längstens 2 Wochen zu beantworten)

1 Familienname (Zuname) Nachlmann
Rufname (Vorname) Jaroslav

2 Familienstand: ledig, ~~verheiratet, verwitwet, geschieden~~ (nicht Zutreffendes streichen)
verheiratet mit geborene
geb. am in

3 Geburtsjahr: 1915
Geburtstag: 1. 11.
Geburtsort: [illegible]
Politischer Bezirk: Kladno Gerichtsbezirk: Kladno

4 Wohnort und Anschrift am 16. 6. 1939: Prag. VII. Ovenecká 19.
Politischer Bezirk: Prag. Gerichtsbezirk: Prag.

5 Heimatzuständig am 10. 10. 1938 nach: Kladno
Politischer Bezirk: Kladno Gerichtsbezirk: Kladno

6 Staatsangehörigkeit
a) vor dem 5. 3. 1939: Č.S.R.
b) vor 1919: Österreich.

Wohnung am 16. März 1939.

7 Beruf: Polizeibeamter b. Gestapo I/15

8 Muttersprache: deutsch ~~tschechisch~~ ~~slowakisch~~
Sprachkenntnis: deutsch tschechisch ~~slowakisch~~
(nicht Zutreffendes streichen)

9 Haben Sie gedient?
a) ~~bei einem österreichisch-ungarischen Truppenteil~~?
b) bei einem tschecho-slowakischen Truppenteil?
c) in ~~der tschechischen Legion~~?
(Falls ja, bei welchem Truppenteil, von wann bis wann welches ist die letzte Charge?)

Vom 1935 bis 38 beim 1. Leicht-Art. Prag, als Gefreiter

10 Welchen deutschen oder tschechischen Vereinen, Verbänden, Gewerkschaften, Berufs- oder sonstigen Organisationen gehören oder gehörten Sie an?

Im Deutschen Turnverein, Anwärter N.S.D.A.P. u. S.S.

11 Welche Volkszugehörigkeit hat oder hatte Ihr (e) Ehe (mann)? (frau)?
deutsch, tschechisch, ______

12 Welche Angaben über Ihre Zugehörigkeit zum deutschen Volke können Sie sonst noch machen (z. B. Schulbesuch, Zugehörigkeit zur SdP, NSDAP usw., Zeugen)?

Ich bin deutsch erzogen, habe deutsche Eltern u. deutsche Schulen besucht.

13 Ich versichere nach bestem Wissen und Gewissen, daß keiner meiner 4 Großeltern (mütterlicher- wie väterlicherseits) der jüdischen Rasse oder Religion angehört oder angehört hat.

Rein-Christ.

14 Ich versichere, daß ich mich zum deutschen Volkstum bekenne. Ja

Wohnort und Wohnung: Prag VII. Ovenecká 19.

Datum: 19. IX. 1939

[illegible]
Unterschrift.

Staatsangehörigkeitsausweis
ausgestellt: 7. OKT. 1939
Prag, den ______ 19__

Der Oberlandrat.
Im Auftrag: [illegible]

(Dieser Bogen darf nicht zusammengefaltet werden.)

oder Tscheche, ebensowenig wie er jetzt glühender Deutscher war. Er war glühender Geheimpolizist.

Auch Milena Jesenská war keine Nationalistin: »Unlängst sagte mir ein Herr – ein vorzüglicher Mensch übrigens, tatkräftig und ein vortrefflicher Patriot: ›Was für eine Ansicht Sie auch vertreten, ich sehe, daß Sie vor allem Tschechin sind. Ich lese das aus Ihren Artikeln und freue mich darüber.‹« – »Bin ich vor allem eine Tschechin?« fragte sich Milena Jesenská am 10. Mai 1939 in der »Přítomnost«: »Es sind inzwischen gut vierzehn Tage vergangen, und wohin ich auch gehe, trage ich ununterbrochen diese Worte mit mir herum: VOR ALLEM. In freien Momenten, auf Spaziergängen durch das frühlingshafte Prag – den Menschen befällt in seiner Wohnung jetzt plötzlich Unruhe, und er läuft vielleicht zum Moldau-Ufer oder auf den Laurenziberg oder in den Garten des Strahov-Klosters, um mit den Augen ein Stückchen Prags zu befühlen und dann ruhiger nach Hause zurückzukehren –, in den Nächten, wenn ich nicht schlafen kann, bei Gesprächen mit Freunden, überall schleicht dieses VOR ALLEM hinter mir her. Und nachdem ich alles sortiert, gewendet, überdacht habe, muß ich Ihnen, mein Herr, Ihr Lob zurückgeben. SELBSTVERSTÄNDLICH bin ich eine Tschechin, aber VOR ALLEM versuche ich, ein anständiger Mensch zu sein. [...] Nein, die Tatsache, daß wir Tschechen sind, bedeutet noch nichts. Wenn diese Tatsache nicht VOR ALLEM an bestimmte Eigenschaften gebunden ist, verliert sie ihren Wert. [...] Heute geht es in erste Linie darum, daß wir gute Tschechen sind. Wir werden jedoch keine sein, wenn wir nicht VOR ALLEM standhafte Menschen sind.«[24]

An Standhaftigkeit hat es Milena Jesenská nicht gemangelt. Wovon sie aber entschieden zu wenig hatte, war Vorsicht. Daran fehlte es ihr bei weitem nicht allein, auch erfahrene Soldaten mußten erst Erfahrungen mit Organisationen wie Sicherheitsdienst und Gestapo sammeln. Leider endete diese Erfahrung oft tragisch.

Die Gruppe um Škalda wurde ab dem 8. November verhaftet. Bis zu diesem Zeitpunkt war es ihr gelungen, in Zusammenarbeit mit den illegalen Organisationen »Obrana národa«, »Politické ústředí« (Politisches Zentrum) und dem »Petiční výbor Věrni zůstaneme« (Petitionsausschuß Wir bleiben treu) siebenundzwanzig Nummern der illegalen Zeitschrift herauszugeben und zu verbreiten, die von anfänglich ein paar Hundert im Sommer 1939 eine Auflage von vier- bis fünftausend Exemplaren erreichte. Dank der Hilfe von Eisenbahnangestellten kam die Zeitschrift auch ins Ausland. Der Gestapo gelang es jedoch, einen tschechischen Spitzel in die Nähe der Gruppe zu bringen. Und obwohl Škalda von der Verhaftung des Druckers sofort am 8. November erfahren hatte, ließ er sich von der Fertigstellung der wichtigen Festnummer 27 nicht abbringen, die dem Andenken an die Ausrufung der Ersten Tschechoslowakischen Republik vom 28.Oktober 1918 gewidmet war. Josef Škalda wurde zwei Tage nach dem Drucker verhaftet. Seiner Frau gelang es noch, einige Mitarbeiter zu warnen, in die Kouřimská gelangte die Warnung jedoch nicht.

* * *

Jaroslaus Nachtmann war bei der Gestapo zuerst in der Kriminalabteilung tätig. Zunächst in der Funktion eines Hilfspolizisten, später als Kriminalpolizist. Die erste kurze Nachricht über die Verhaftung Milena Jesenskás und des

Studenten Lumír Čivrný schrieb Kriminalassistent Henning gleich am 12. November. Der erste ausführliche Bericht für die Abteilung II BM 3 vom nächsten Tag stammt jedoch von Hipo Nachtmann[25]:

Bericht.*

Am 12.11.39 war ich zur Überwachung in der Wohnung des Skalda, Prag-Weinberge. Im Laufe des Vormittags erschien ein Mädchen im Alter von 11 Jahren und wollte Bücher abholen. Ich gab mir den Anschein als gehörte ich zu der Organisation und wollte genaueres von dem Mädchen wissen. Da sie aber nicht bescheid wusste, rief sie ihre Mutter an und sagte dieser, auf meiner Anweisung, dass Herr Skalda gerade auf einen Augenblick die Wohnung verlassen hat und was sie denn Abholen solle. Die Mutter erklärte dem Kinde, dass sie die "V Boj" holen solle.
Ich rief aus diesem Grunde den Dauerdienst der Staatspolizeileitstelle an und bat um die Entsendung eines Beamten mit Kraftwagen, damit die Redakteurin Milena Kr[e]jcarova-Jesensky, geb. 10.8.96 in Prag, festgenommen werden kann. Nach dem Eintreffen des KOA. Peisert und des Hipo Jagsch, suchte ich mit diesem die Wohnung der K. auf. Beim Eintreffen in der Wohnung wurde der Student Lumil Civrny, geb. 3.8.15 in Cirmervy Kostelec, angetroffen. Dieser soll angeblich der engl. Sprachlehrer der Tochter sein. Da den Umständen entsprechend diesen Angaben wenig Glauben zu schenken war, wurde er mit der K. zusammen eingeliefert. Der Student C. scheint der Geliebte der K. zu sein, da er sich bei unserem Eintreffen erst frisch rasiert hatte und auf Befragen zugab, dass er schon seit dem Abend

* Hier und im folgenden wurde die fehlerhafte Schreibweise der Dokumente in der Abschrift beibehalten.

vorher in der Wohnung ist. Es ist daher auch zu vermuten, dass er von dem Treiben der K. Kenntnis hat.
Bei der Durchsuchung der Wohnung der K. wurden keine Hetzschriften vorgefunden. Die K. besitzt eine Reiseschreibmaschine, die sich noch in der Wohnung befindet. Eine Durchsuchung der Wohnung des Studenten C., der bei seiner Mutter wohnt, wurde noch nicht vorgenommen.

Jaroslaus Nachtmann, Hipo

(Lumil ist Lumír und Cirmervy Červený – Jaroslaus Nachtmann hat sich mit seinem Bericht wohl sehr beeilt.)

Von den Prager Gestapo-Akten sind nur noch die Dokumente vorhanden, die der Volksgerichtshof in Dresden benötigte, wohin Milena Jesenská zum Prozeß gebracht wurde. Das Aktenstück hat 40 Seiten, wobei die Seiten 24-34 dem Fall des Angeklagten Karel Slaba gewidmet sind, der auch zu der Gruppe »V boj« zählte. Anfänglich wurde Slaba gemeinsam mit dem Fall Jesenská verhandelt, bald aber wurden die Fälle getrennt. (Karel Slaba hat den Krieg überlebt.)

Aus den Akten erfahren wir verständlicherweise nicht, was Milena Jesenská in der Illegalität getan hat, sondern nur, was man ihr vorgeworfen hat. Im Abschlußbericht der Gestapo bzw. in den Teilen, die in beglaubigter Abschrift dem Gericht zur Verfügung gestellt wurden, heißt es:

Schon kurze Zeit nach Errichtung des Protektorats haben Gruppen des staatsfeindlichen Tschechentums bereits mit der Herstellung und Verbreitung von illegalen Hetzschriften, Flugblättern und getarnten Schriften be-

Geheime Staatspolizei
Staatspolizeistelle Prag

Prag, den 12. November 1939

Uhr

Dienststelle IIBM3 B. Nr. ′

5305

Annahmebefehl

I. Die am 12 XI 1939 von der Staatspolizeistelle Prag, Dienststelle IIBM3

wegen vorbereitung zum Hochverrat

festgenommene

Beruf: Redaktörin

Vor- und Zuname: Milena KREJCAROVA-JESENSKA

Geburtszeit und -ort: 10. August 1896 in Prag

Glaubensbekenntnis: glaubenslos.

Staatszugehörigkeit: Protektorat

ist bis auf weiteres in Verwahrung zu nehmen.

Bemerkungen:

Getrennt zu halten von der Gruppe Skalda.

Geheime Staatspolizei
Staatspolizeistelle Prag.
Gefängnis Pankratz.
Eingel. 12 IX. 1939
Uhr. 14.15
Bestätigt:

II. An die

Verwaltung des Gefängnisses in Prag-Pankraz (Deutsche Abteilung)

Dienststempel.

Unterschrift d. Dezernenten oder Dienststellenleiters

II BM 3 - Prag, den 13. November 1939. 9

B e r i c h t .

Am 12.11.39 war ich zur Überwachung in der Wohnung des S k a l d a , Prag-Weinberge. Im Lafe des Vormittags erschien ein Mädchen im Alter von 11 Jahren und wollte Bücher abholen. Ich gab mir den Anschein als gehörte ich zu der Organisation und wollte genaueres von dem Mädchen wissen. Da sie aber nicht bescheid wusste, rief sie ihre Mutter an und sagte dieser, auf meiner Anweisung, dass Herr Skalda gerade auf einen Augenblick die Wohnung verlassen hat und was sie denn Abholen solle. Die Mutter erklärte dem Kinde, dass sie die "V Boj" holen solle.

Ich rief aus diesem Grunde den Dauerdienst der Staatspolizeileitstelle an und bat um die Entsendung eines Beamten mit Kraftwagen, damit die Redakteurin Milena K r j - c a r o v a - J e s e n s k y , geb. 10.8.96 in Prag, festgenommen werden kann. Nach dem Eintreffen des KOA. Peisert und des Hipo Jagsch, suchte ich mit diesem die Wohnung der K. auf. Beim Eintreffen in der Wohnung wurde der Student Lumil C i v r n y , geb. 3.8.15 in Cirmervy Kostelec, angetroffen. Dieser soll angeblich der engl. Sprachlehrer der Tochter sein. Da den Umständen entsprechend diesen Angaben wenig Glauben zu schenken war, wurde er mit der K. zusammen eingeliefert. Der Student C. scheint der Geliebte der K. zu sein, da er sich bei unserem Eintreffen erst frisch rasiert hatte und auf Befragen zugab, dass er schon seit dem Abend vorher in der Wohnung ist. Es ist daher auch zu vermuten, dass er von dem Treiben der K. Kenntnis hat.

Bei der Durchsuchung der Wohnung der K. wurden keine Hetzschriften vorgefunden. Die K. besitzt eine Reiseschreibmaschine, die sich noch in der Wohnung befindet. Eine Durchsuchung der Wohnung des Studenten C., der bei seiner Mutter wohnt, wurde noch nicht vorgenommen.

Jacobaus
Nachmann
Hipo

gonnen. Die Herstellung erfolgte größtenteils im Bürovervielfältigungs- und im Maschinendruckverfahren. Zu den ersten Hetzschriften dieser Art, die bekannt geworden sind und erfaßt werden konnte, gehören "V BOJ" (Im Kampf). Im Anschluß an die Festnahmen von Skalda und Sejkora wurden nunmehr die nachstehend aufgeführten Personen als Hersteller oder Verbreiter der antideutschen Hetzschrift "V BOJ" festgenommen. [...]
Über die vorgenannten Personen wurde im einzelnen folgendes festgestellt: Zu Krejcarova-Jesenska: Sie wurde als bekannte Redakteurin des Josef Skalda festgenommen, weil sie im Verdacht steht, auch Artikel für den "V BOJ" geschrieben zu haben. Wie Skalda angibt, sind von ihr auch tatsächlich einmal Artikel für den "V BOJ" verwandt worden. Inwieweit dies zutrifft und inwieweit sie an der Herstellung und Verbreitung des "V BOJ" beteiligt gewesen ist, konnte nicht einwandfrei geklärt werden, da sie nur das zugibt, was ihr tatsächlich nachgewiesen werden konnte.
Abschließend sei bemerkt, daß durch die Verbreitung der vorgenannten Druckschriften erhebliche Unruhe unter die Bevölkerung gebracht wurde. Besonders scharf zu verurteilen ist es, daß trotz häufigster Warnungen insbesondere nach Kriegsausbruch der "V BOJ" und die anderen Druckschriften verbreitet wurden.
Der vorliegende Vorgang ist als ein Teil des hier noch in Bearbeitung befindlichen großen Vorganges gegen die illegale Militärorganisation zu betrachten, der hier unter dem Rubrum "Narodni odboj" – B.Nr.54/55/39g – läuft und soweit das Land Mähren betroffen ist, ist bereits ein Vorgang beim Oberreichsanwalt beim Volksgerichtshof angängig unter dem Rubrum »Sondersache Böhmen und Mähren« – B.Nr.8 J 537/39g -.

Aus Milena Jesenská war bei den Vernehmungen nicht mehr herauszubekommen, als die Gestapo bereits wußte, und Josef Škalda gab beim Verhör am Volksgerichtshof in Dresden am 1. März 1940 wörtlich an: »Den Namen Krejcarová-Jesenská habe ich erstmalig von der Gestapo in Prag gehört. Bis dahin war mir die Frau völlig unbekannt.« Der Gerichtshof mußte das akzeptieren.

In Hipo Nachtmanns Bericht heißt es, daß in der Wohnung der Verhafteten »keine Hetzschriften« gefunden wurden. Zum Glück wurden sie nicht gefunden, denn dort waren sie. Nicht nur Jana Černá schreibt in ihrem Buch über ihre Mutter darüber, sondern auch Rokyta Illnerová, die Milena Jesenská seit 1935 kannte und 1939 in einer benachbarten Straße wohnte, hat es mir in einem Gespräch bestätigt. Honza war zu ihr gekommen, um ihr mitzuteilen, daß die Mutter verhaftet worden war, und hatte ihr die Hausschlüssel gegeben. Durch einen Schrank verdeckt lagerten in der Wohnung Milena Jesenskás Stöße der Zeitschrift »V boj«, und auf dem Schreibtisch befanden sich verschiedene Papiere, u.a. auch ein Brief von Evžen Klinger aus England, den Joachim von Zedtwitz im April zur polnischen Grenze gebracht hatte.

In der Rubrik »Beschlagnahmte Gegenstände« im Protokoll der Wohnungsdurchsuchung ist angeführt, daß »Div. Papiere ohne Wert« beschlagnahmt wurden. Unter diesen »wertlosen Papieren« befand sich das Notizbuch Milena Jesenskás mit Adressen und drei Briefe, von denen die Freiheit von Joachim von Zedtwitz abhing.

Diese Beweisgegenstände fehlen in der Gestapo-Akte. In der Anlage befindet sich jedoch ein Blatt, bei dem es erstaunt, daß es nicht mehr Interesse bei der Gestapo geweckt hat. In Milena Jesenskás Handschrift sind darauf die Namen von fünf Journalisten notiert sowie sieben weitere, die für eine Mitarbeit in Frage kamen, und unter diesen beiden Gruppen von Namen sind zwei zu diesem Zeitpunkt gewiß sehr aktuelle Themen aufgeführt: »Die heutige Zeit und die Bedeutung der Solidarität« und »Zivilcourage«. Bezog sich das Blatt auf »V boj«? Oder auf die bereits geplante Zeitschrift »Gegen den Wind«?

Mit ihrem Notizbuch konfrontiert, mußte Milena Jesenská einige Angaben aus dem ersten Verhör »nachbessern«, etwa, daß Zedtwitz nicht Eugen hieß, sondern tatsächlich Joachim, daß seine Mutter vermutlich auf dem Schloß Gerdauen in Ostpreußen wohnte und er selbst wahrscheinlich bei seiner Frau in Danzig weilte. Die drei Briefe von Zedtwitz waren alle nach England adressiert, an William Kraus, Rudolf Keller und Mickey Johnston. Die Gestapo schloß daraus, daß ihr Schreiber ebenfalls nach England gehen wollte.

Milena Jesenská bestand darauf, mit Zedtwitz nichts gemein zu haben, ebenso darauf, daß sie niemals politisch organisiert gewesen und Lumír Čivrný nur ein Lehrer ihrer Tochter war und nichts von ihrem Telefonat am 11. November mit Škalda wußte. Sie beharrte darauf, keinerlei Kontakt zur Gruppe »V boj« gehabt, ja, nicht einmal von deren Existenz gewußt zu haben. Mit Nachdruck leugnete sie, Emigranten bei der Flucht ins Ausland geholfen zu haben. Im Januar 1940 mußte sie allerdings im Verhörsprotokoll der Gestapo weitere frühere Aussagen »nachbessern«, wie etwa, daß in der »Přítomnost« keine Artikel von Emigranten veröffentlicht worden seien: »Es kann sein, daß ich einem Emigranten versprochen habe, mich beim Emigrantenkomitee in Prag für ihn zu verwenden, aber ich muß immer wiederholen, daß ich mich nicht mehr daran erinnere.«

Geheime Staatspolizei   P r a g , am 10.1.1940. **10**

taatspolizeileitstelle P r a g

II BM 1 - 2112/39

W e i t e r v e r h a n d e l t !

Erneut vorgeführt erscheint die Jnhaftierte K r e j c a - r o v a - J e s e n s k á und gibt nochmals mit dem Gegenstand ihrer Vernehmung vertraut gemacht und unter Hinweis nunmehr die reine Wahrheit zu sagen, folgendes an:

"Jch halte die in meiner Vernehmung vom 8.12.1939 gemachten Angaben in allen Teilen voll und ganz aufrecht.

Wenn ich gefragt werde, ob ich mit dem in meiner Wohnung mit Verhafteten Č í v r n ý ein Liebesverhältnis unterhalten habe, so muss ich diese Frage verneinen. Jm Laufe der Zeit lernte ich die persönlichen Verhältnisse des Č., der Hauslehrer meiner Tochter war, näher kennen. Da dieser in äusserst ärmlichen Verhältnissen lebte und er sich auch meiner Tochter bei Erteilung des Unterrichtes besonders annahm, gestattete ich ihm verschiedene Vergünstigungen. Jnsbesondere erlaubte ich ihm, das er im Zimmer meiner Tochter oder in der Küche seine Studien ausführen konnte. Auch habe ich ihn wiederholt zum Essen eingeladen. Jn einer anderen Beziehung habe ich nicht zu ihm gestanden.

Die bei mir vorgefundenen Briefe sind mir, wie bereits in meiner ersten Vernehmung von mir erklärt wurde, von dem Grafen ~~Dagen~~ Joachim Z e d t w i t z übergeben worden. Er hatte mir dabei gesagt, dass es sich nur um persönliche Angelegenheiten handelt und ausdrücklich versichert, dass die Briefe keinen politischen Jnhalt hätten. Besonders bemerken muss ich hierzu noch, dass die Briefe versiegelt waren und erst ~~XXX~~ von der Gestapo in meiner Wohnung geöffnet worden sind. Die Briefe lagen etwa 2 Monate in meiner Wohnung, da ich auf

17

die Antwort meines Freundes Eugen K l i n g e r ,der sich zur Zeit in England aufhält, wartete.Nach Eingang der Antwort hätte ich dann die Briefe ohne weiteres an das intern.Rote Kreuz in Zürich ge - sandt.Wäre mir der Jnhalt der Briefe bekannt gewesen,so hätte ich diese wieder an Z e d t w i t z ausgehändigt,selbstverständlich hätte ich der Gestapo keine Meldung davon gegeben.

Wenn mir vorgehalten wird,dass ich von dem Erscheinen des " V boj " (Hetzschrift) Kenntnis gehabt haben soll,so muss ich er- klären, dass dies nicht der Fall ist.Erst nach meiner Verhaftung hat ich von dem Bestehen dieser Hetzschrift Kenntnis erhalten.Eine Zellen- genossin mit Namen

N o v o t n á , Vorn.: Věra

erzählte mir,dass sie deshalb verhaftet worden sei,weil sie einem Mann eine derartige Hetzschrift beschafft hatte.Sie schilderte mir hierbei die politischen Richtlinien dieser Hetzschrift.Jch muss weiterhin bemerken,dass ich durch meine schriftstellerische Tätigkeit des öfteren Gesellschaften bei mir in der Wohnung hatte.Bei diesen Zusammenkünften ist selbverständlich von der politischen Lage be - sprochen worden.Jnsbesondere beratschlagten wir als Journalisten, wie wir es dem tschech.Volke klar machen könnten, wie es sich mit der gegenwärtigen politischen Lage abfinden soll,um ihr tschech.Volkstum erhalten.An diesen Zusammenkünften nahmen teil wie folgt;

1.) P e r o u t k a , Vorn.: Ferdinand,Chefredakteur z.Zt. in Buchenwald b.Weimar,früher in Prag wohnhaft gewesen ,

2.) K a l a n d r a , Vorn.: Zaviš,Redakteur in Prag,Pensionat " Star " wohnhaft gewesen ,

3.) R i c h t e r , Vorn.: Zdeněk,Sekr.der Redaktion Prag - Dejvice wohnhaft.

Dies waren meine ständigen Mitarbeiter und Freunde,die zum Teil mit ihren Frauen bei mir zu Besuch waren.

Wenn mir vorgehalten wird,dass ich Emigranten zu ihrer Flucht

18

ins Ausland verhelfen wollte, so habe ich folgendes zu erklären. Es ist richtig, dass sich bei uns in der Redaktion der Zeitung "P ř i t o m n o s t " des öffteren Emigranten eingefunden haben, die uns Artikel brachten und sich dafür bezahlen liessen. Jch muss mich berichtigen, dass wir diese Artikel nicht veröffentlichten, sondern wen̄ ich Geld gegeben habe, so habe ich das auf Anweisung vom Chefredakteur P e r o u t k a getan. Es kann möglich sein, dass ich einem Emigranten versprochen habe, dass ich für ihm bei dem in Prag befindlichen Emigrantenkomite vorsprechen wollte. Aber ich muss immer wieder erklären, dass ich mich hierauf nicht entsinnen kann.

Wenn mir vorgehalten wird, dass ich der KP. angehört haben soll, so bestreite ich das ganz entschieden. Es ist richtig, dass mein Freund K l i n g e r Kommunist bis 1934 gewesen ist. Auf Grund einer Auseinandersetzung mit der Parteileitung und, ich glaube auch auf mein persönliches Einwirken hin, schied er aus der Partei aus. Jch habe nur für die Zeitschrift " S v ě t P r á c e " die die Konsumgenossenschaft " V č e l a " herausgab, die graphische Leitung übernommen.

Als Nationaltschechin wollte ich mich nur in meiner späteren schriftstellerischen Tätigkeit für das kulturelle Eigenleben des tschech. Volkes einsetzen.

Jch erkläre ausdrücklich, dass ich numehr die reine Wahrheit gesagt und nichts verschwiegen habe.

Geschlossen: selbst gelesen u. unterschirben:

Krim. Obersekretär. Milena Jesenská-Krejcarová

Das zweite Protokoll endet mit den Worten: »Als Nationaltschechin wollte ich mich nur in meiner späteren schriftstellerischen Tätigkeit für das kulturelle Eigenleben des tschechischen Volkes einsetzen. Ich erkläre ausdrücklich, daß ich nunmehr die reine Wahrheit gesagt und nichts verschwiegen habe.«

Zu dieser »reinen Wahrheit« hatte auch die Legende gehört, warum sie mit den Škaldas telefoniert und dann die Tochter hingeschickt hatte. Als Alibi diente ein gewisser Herr »Belka«:

> Am Freitag den 10.11.39 wurde ich so gegen 15 Uhr in meinem Büro, Redaktion »Pritomnost« Prag I, Nationalstr. 11, von einer männlichen Person angerufen, die sich unter dem Namen Belka vorstellte und sagte: Sie werden sich meiner wahrscheinlich nicht mehr erinnern, Sie sind doch die Redakteurin Jesenská. Ich habe einige Bücher die Sie sehr interessieren wird und umgekehrt würde auch mich Ihr Urteil sehr interessieren, darauf bat ich den Bilka mir diese angebotenen Bücher zu mir in die Redaktion zu schicken, er sagte darauf: er würde mir die Bücher lieber gleich zeigen und mit mir darüber sprechen. Ich wiederum fragte, um was für Bücher es sich den eigentlich handle, darauf gab er mir zur Antwort es seien Broschüren die ähnlich wie »Hitler mein Kampf« heißen, nur ohne das Wort »Mein« (das hieße auf tschechisch "boj") und näheres möchte er mir lieber persönlich sagen. Ich forderte ihn darauf auf mich in meiner Wohnung aufzusuchen und die Broschüren mitzubringen. Belka lehnte dieses ab und bat mich ihn in der Wohnung seines Freundes Skalda (P.b.) aufzusuchen. Ich versprach ihm, noch am selbigen Abend hinzukommen.

Ende der Darstellung. Weiter wird beschrieben, was tatsächlich geschah und was wir sowohl aus den Erinnerungen Jana Černás als auch aus Nachtmanns Bericht wissen.

Der Volksgerichtshof in Dresden verhängte am 1. März 1940 Untersuchungshaft über Milena Jesenská. Den Rücküberstellungsantrag der Prager Gestapo hatte sie am 20. Februar erhalten. Wegen des Verdachts auf Hochverrat war sie nach Dresden überstellt worden, und für den Fall, daß der Haftbefehl aufgehoben würde, sollte man sie zurückschicken. »Es wird ersucht, die Obengenannten nach Wegfall [des] derzeitigen Haftgrundes der Geheimen Staatspolizei Staatspolizeistelle Prag zu überstellen zwecks Prüfung der Schutzhaft.«

Im Haftbefehl heißt es:

> Die am 10.8.1896 in Prag geborene Redakteurin Milena Krejcarova-Jesenska ist zur Untersuchungshaft zu bringen.
> Sie ist dringend verdächtig, in der Zeit von März 1939 bis November 1939 in Prag ein hochverräterisches Unternehmen, nämlich die gewaltsame Beseitigung des Protektorates Böhmen und Mähren und die Wiederherstellung der ehemaligen CSR., dadurch vorbereitet zu haben, dass sie zur Beeinflussung der Massen bei der Herstellung hochverräterischer Druckschriften durch Manuscriptlieferungen mitgewirkt haben soll.
>
> – Verbrechen nach § 83 Abs. 2 und 3 Ziff. 3 StGB. –
>
> Die Untersuchungshaft wird verhängt, weil ein Verbrechen den Gegenstand der Untersuchung bildet, Fluchtverdacht also begründet ist.

Der Oberstaatsanwalt des Volksgerichtshofs in Berlin erhielt am gleichen Tag die Nachricht: »Aufnahmeanweisungen mit Rückf.-Vermerk sind erteilt.«

Des weiteren wurde angeordnet, daß die Angeklagte von der Gruppe Škalda »getrennt zu halten« war und nur einmal im Monat Post schreiben und erhalten durfte.

Was mit Milena Jesenská von März bis Mitte Juni geschah, ist nicht bekannt. Ein Beschluß des Oberstaatsanwalts des Volksgerichtshofs in Berlin existiert erst vom 14. Juni. Er umfaßt sechs Punkte, in denen der Staatsanwalt die Einstellung der Strafverfolgung von Milena Krejcarová-Jesenská und auch die Karel Slabas mit der Begründung verkündet, daß man den Angeklagten »weder das Verbrechen des Hochverrats oder die Beteiligung daran noch ein Verbrechen nach § 139 des Strafgesetzbuches eindeutig nachweisen« könne.

Die Schutzbehauptung Milena Jesenskás mit dem unbekannten »Belka« erscheint dem Gericht zwar verdächtig, läßt sich aber nicht widerlegen. Daß Jesenská Artikel für »V boj« geschrieben hat, ist ihr nicht nachzuweisen. Škalda hat zwar nach Prager Gestapo-Berichten zugegeben, daß sie mit ihm zusammenarbeitete, hat dies aber in Dresden widerrufen und behauptet, sie gar nicht zu kennen. Was die Briefe von Graf Zedtwitz anging, die man bei ihr fand (die aber den Akten, die von der Gestapo nach Dresden geschickt wurden, nicht beigelegt waren), behauptete die Beschuldigte unwiderlegbar, daß sie deren Inhalt nicht gekannt habe und daß ihr die Briefe zur Weiterleitung an das Rote Kreuz in Zürich übergeben worden seien. Die beigefügten beschlagnahmten Schriftstücke »ergeben gleichfalls nichts Belastendes«. Soweit sie in tschechisch verfaßt sind, ist eine Übersetzung nicht nötig, weil sie auf dem Blatt 9R im Protokoll über die Hausdurchsuchung durch die Prager Gestapo als »ohne Wert« bezeichnet wurden.

> Beschluß:
> »Das Verfahren gegen die Redakteurin Milena Krejcarová-Jesenská [...] habe ich eingestellt, da man ihr hochverräterische Tätigkeit nicht so nachweisen kann, daß es für eine Anklage ausreichen würde. Ich beantrage, den am 1. März 1940 erlassenen Haftbefehl aufzuheben, die Beschuldigte zu informieren und ihre unverzügliche Entlassung aus der Untersuchungshaft mit vorheriger Benachrichtigung der Geheimen Staatspolizei Verf. Nr. II BM 1 anzuordnen.«

Im sechsten Punkt heißt es: »ad acta.«

Am 17. Juni »wurde die Beschuldigte zur Entlassung vorgeführt und ihr die Entlassungsanweisung mit Rückführungsvermerk erteilt.« Entlassen wurde sie um 9.40 Uhr – zur Staatspolizei Prag II BM 1 – 2112/39.

Nach Angabe einer Mitgefangenen im Pankrác-Gefängnis (und später auch in Ravensbrück), Hana Housková, kehrte Milena Jesenská in sehr schlechtem physischen Zustand nach Prag zurück. Sie war abgemagert, nach eigenen Angaben hatte sie seit der Verhaftung fast vierzig Kilo verloren.

Im Sommer sah sie im Petschek-Palais – dem Sitz der Prager Gestapo, wohin man die Häftlinge aus dem Pankrác-Gefängnis nicht nur zu Verhören, sondern auch zu Besuchen brachte – noch einmal ihren Vater und Tochter Honza. Es war ihr gelungen, dem Vater einen Kassiber zukommen zu lassen, worin sie ihm mitteilte, daß sie wieder im Pankrác-Gefängnis sei, so daß er eine Besuchsgenehmigung beantragen konnte. Eine gewisse Zeit lang durfte Professor Jesenský seine Tochter zweimal in der Woche besuchen. Honza sah ihre Mutter nur ein einziges Mal, im Juli 1939, für zwei Stunden. Sie erinnerte sich später folgendermaßen:

»Mager, das Haar bis auf die Schultern, vorspringende Backenknochen und riesige blaue Augen – sie ähnelte weit eher der Milka, die ihr Vater kannte, als der Milena, an die ich mich erinnerte, aber auch er begriff im ersten Moment nicht, daß sie es war. Erst an ihrem hinkenden Gang erkannte ich sie.«[26]

Dann wurde Milena Jesenská in die »Schutzhaft« nach Ravensbrück gebracht.

* * *

Joachim von Zedtwitz war am 27. März 1940 von der Gestapo in Bromberg verhaftet worden, wo er als Arzt in einem Krankenhaus arbeitete. Nach einigen Wochen brachte man ihn nach Berlin und klagte ihn vor dem Volksgerichtshof ebenfalls des Hochverrats an. Er saß im Gefängnis in Moabit. Was man über ihn in den Händen hatte, genügte zwar der Gestapo, war für ein Gericht aber nicht ausreichend: drei Briefe nach England und der Verdacht, daß er emigrieren wollte. Über Milena Jesenská machte er keinerlei Aussagen. Schließlich wollten sie von ihm nur die Autorschaft der Briefe bestätigt haben. Mehr hätten sie wohl auch nicht erreichen können, da ihr Verfasser in der Haft Schizophrenie zu simulieren begann. Margarete Buber-Neumann erwähnt in ihrem Buch »Kafkas Freundin Milena« einen Onkel von Zedtwitz, der für diesen bürgte. Nach Zedtwitz' Aussage war das Graf Albrecht zu Eulenburg, der den Wahnsinn seines Neffen schon von früher her bestätigte, um die Gestapo glauben zu machen, daß die Briefe nach England ein Produkt seines kranken Geisteszustands waren. Zedtwitz' Gestapo- und Gerichtsakten stehen uns nicht zur Verfügung, und was die Gestapo tatsächlich dachte, ist schwer abzuschätzen. Tatsache ist, daß er nach einer gewissen Zeit nach Danzig zurückgebracht und dort am 21. Juni 1941 als geisteskrank aus der Haft entlassen wurde.

Den Sommer 1941 verbrachte er als Patient in einer Psychiatrischen Klinik in Stargard in Pommern und im Nervensanatorium von Doktor Sinn bei Berlin. Im Herbst 1941 wurde er entlassen und aufgrund seiner psychiatrischen Diagnose nicht zum Militär eingezogen. Bis zum Kriegsende war er als Internist in Kliniken in Berlin, Wien und dann wieder in Berlin tätig. Während seiner Berliner Zeit arbeitete er mit der Widerstandsgruppe »Ernst« zusammen, in der sich jeweils nur zwei bis drei Personen kannten. Er erinnert sich besonders an den Namen Vogel und wie er mit seinen Kollegen viele Männer vor der Front bewahrte oder zumindest ihre Abfahrt dadurch verzögerte, daß man ihnen Spritzen gab, die für eine gewisse Zeit – meistens bis zur Abfahrt des Zuges – Fieber hervorriefen. Ferner erinnert er sich an das Beschaffen falscher Papiere und ein schwarzes »NEIN!«, mit dem sie nach Göbbels flammendem Aufruf zum totalen Krieg die Berliner Mauern geschmückt hatten. Er hat auch das kleine jüdische Mädchen Hedwig Schönbaum nicht vergessen, das sie nicht nur in Berlin versteckten, sondern auch, unter Mithilfe seiner Mutter und seines Bruders, in Neuberg.[27]

Die fünfzehn Monate Haft hatten ihn nicht um seine große Energie gebracht und auch nicht um seine Treue zu

Menschen, die er verehrte. So bemühte er sich, Milena Jesenská aus dem Konzentrationslager zu befreien.

Er suchte in Berlin einen Rechtsanwalt auf, der Beziehungen zu hochgestellten Nazi-Persönlichkeiten hatte. In Voznice besuchte er Professor Jesenský, der auf ihn wie ein »Original, ein ehrlicher, sturer und altmodischer Mensch« wirkte. Er bekam von ihm den alten Krankenbericht aus der Psychiatrischen Klinik in Veleslavín, wohin der Herr Professor seine Tochter gebracht hatte, als diese entgegen der »guten Sitten« schwärmerisch und hartnäckig Ernst Pollak liebte. Joachim von Zedtwitz zufolge waren die Verhandlungen mit dem Berliner Anwalt nicht hoffnungslos. Alle Hoffnungen zunichte machte aber ein Luftangriff, bei dem der Anwalt ums Leben kam und sein Haus samt allen Dokumenten vernichtet wurde.

Nach den Erinnerungen von Margarete Buber-Neumann erfuhr Milena Jesenská zwei Tage vor ihrem Tod, daß Zedtwitz lebte:

»Am 15. Mai 1944 ruft man mich zur Paketausgabe. Eine große Schachtel für Milena, als Absender zeichnet Joachim von Zedtwitz, Gerdauen. Ich laufe mit dem Paket zu Milena, deren Bewußtsein bereits getrübt ist. Als sie aber den Namen Zedtwitz hört, richtet sie sich auf, läßt es mich mehrmals vorlesen, weil ihre Augen schon versagen, und sinkt glücklich aufatmend zurück: »Er lebt! Was für ein Wunder! Ich glaubte, sie hätten ihn erschossen...« [28]

Das Grafengeschlecht der von Zedtwitze war seit Jahrhunderten in Böhmen ansässig und residierte in einem Schloß in Neuberg in der Nähe von Asch. Die ganze Zeit über hatte Joachim von Zedtwitz nur einmal aufgehört, diesen Ort als seine Heimat zu betrachten: nach dem Münchener

Abkommen und der daraus resultierenden »Abtretung« der Grenzgebiete an das Deutsche Reich, also aus einer historischen Notwendigkeit heraus. Im Februar 1939 hatte er um eine Neuregelung seines Heimatrechtes ersucht. In einem Dokument, das im Archiv von Eger liegt, heißt es: »Nach dem am 20. November 1938 in Berlin unterzeichneten Staatsangehörigkeits- und Optionsvertrag[29] blieb ich tschecho-slowakischer Staatsbürger und habe nun auf dem Gebiet der Tschecho-Slowakischen Republik kein Heimatrecht, weil ich bis zum 10. Oktober 1938 in der Gemeinde Neuberg (Kreis Asch) heimatberechtigt war, das in dem Gebiet liegt, das Deutschland angeschlossen wurde. [...] Seit dem 10. Oktober 1938 wohnte ich auf dem Gebiet der Tschecho-Slowakischen Republik in der Gemeinde Prag XII, Čelakovskeho sady 8, Kreis Prag.«

Seinen Stammbaum beschreibt Zedtwitz folgendermaßen: »Die Familie meiner Mutter, einer geborenen von Janson, stammte ursprünglich aus Schottland und ist aus Religionsgründen nach Holland emigriert. Der erste Janson, Heinrich, wurde von den Werbern des Preußenkönigs Friedrich Wilhelm I. als »Langer Kerl« schanghait und zwangsweise zum Militär gepreßt. Die Großmutter mütterlicherseits, Anna Gräfin Klinckowstroem, ist in Korcklack, Ostpreußen, geboren. Die Großmutter väterlicherseits, Marie, kam aus dem Haus Zedtwitz-Liebenstein, das im vierzehnten Jahrhundert aus Oberfranken nach Böhmen gekommen war; die Urgroßmutter, eine geborene Barbosza, stammte aus Siebenbürgen.«

Ihr Nachkomme Joachim war von der Nationalität her deutsch, nach seiner selbstgewählten Staatsangehörigkeit, die er Ende 1938 – zu einer Zeit, als es schon gefährlich war – durch eine Option bekräftigte, tschechoslowakischer

Staatsbürger. Gemäß einer Verordnung »des Führers und Reichskanzlers« vom 16. März 1939 wurde ihm jedoch, wie jedem Bewohner des Protektorats, der deutscher Nationalität war, durch die Polizeidirektion in Prag amtlich die reichsdeutsche Staatsbürgerschaft zugeschrieben.[30]

* * *

Jaroslaus Nachtmann wollte reichsdeutscher Staatsbürger sein und wurde es auch, um bei der Gestapo arbeiten zu können. Den ganzen Krieg über diente er ihr hingebungsvoll und mehr als eifrig. Er wurde ein Gestapomann mit Leib und Seele; für einige Dienste machte er sich mit der Zeit unentbehrlich. Zunächst arbeitete er in der Kriminalabteilung II-BM des Kriminalrats von Boemelburg. Nachtmann war als Übersetzer und Dolmetscher tätig, erledigte kleinere Denunziationen (etwa wegen unerlaubten Hörens ausländischer Rundfunksendungen oder kleinerer Wirtschaftsdelikte), die mit der Zeit jedoch immer tragischere Folgen hatten.

Seine Abteilung war vor allem für die Aufdeckung und Liquidierung des nationalen Widerstands zuständig, der in Verbindung mit der tschechoslowakischen Exilregierung in London stand. Man zog ihn zu Verhören von Gefangenen hinzu. Sein leitender Sachbearbeiter, Karl Rotter, ein Spezialist von der deutschen Kriminalpolizei, war von brutaler bis sadistischer Natur. In Nachtmann fand er einen gelehrigen Schüler – auch, was das Quälen von Häftlingen anging. Es gab nur einen Unterschied: Während die deutschen Kollegen Knüppel und Peitschen benutzten, verließ sich Nachtmann auf seine Boxerfaust. Nach dem Krieg sagten einige verhaftete Prager Gestapo-Kollegen über ihn aus. In den Archiven liegen aber auch Aussagen von Gestapo-Opfern und ihren Hinterbliebenen. Bald fing Nachtmann an, verhältnismäßig selbständig zu arbeiten, und baute sich allmählich ein eigenes Spitzelnetz auf – auch darin war er in Rotters Schule gegangen, der ihn gelehrt hatte, Spitzel anzuleiten, konspirative Wohnungen einzurichten und sie effektiv zu nutzen; er war in die Fahndung eingeweiht, in die erforderlichen Verwaltungsangelegenheiten etc. Sein erster selbständiger politischer Fall bestand in der Liquidierung der fünfzehnköpfigen Widerstandsgruppe einer Filiale der Tatra-Werke in Smíchov. Als er Mitglieder und sogar ganze Gruppen (z.B. die des Prager Stadtteils Nusle) der »Obrana národa« entlarvte, vervollkommnete er seine Arbeit als Agent provocateur, indem er sich als Vertreter des »Widerstandszentrums Prag« präsentierte, eines Zentrums, das eine Erfindung von ihm war. Die Widerstandsgruppen waren auf die Verbindung zur Exilregierung, zur illegalen Armeeorganisation, zu anderen Widerstandsgruppen, zu den illegalen Druckerzeugnissen angewiesen... Das alles bot ihnen Nachtmann an. Wenn er die Widerstandskämpfer dann verhaftete oder half, sie zu verhaften, wurden sie des Hochverrats gegen das Deutsche Reich überführt. Seine Opfer hatten ihn unter verschiedenen Decknamen kennengelernt: Dr. Kejvan, Nebeský, Václav Procházka, Kinský, Leutnant Šulc. Leider stellten sie erst im Laufe der tragischen Ereignisse fest, mit wem sie es in Wirklichkeit zu tun hatten.

Im Jahre 1941 absolvierte Nachtmann einen kriminalistischen Lehrgang und boxte auf europäischen Wettkämpfen für Gestapo und SS; er wurde rasch befördert und mit dem Verdienstkreuz 2. Klasse dekoriert. Diese Auszeichnung und die damit verbundene finanzielle Belohnung hatte er sich von Himmler redlich verdient: Unter anderem war er maßgeblich an der Festnahme eines der drei berühmtesten Offiziere (Balabán, Mašín, Morávek) von »Obrana národa« beteiligt gewesen. Oberstleutnant Balabán, einer der Heroen des tschechischen militärischen Widerstands, kam zu einem von Nachtmann initiierten Treffen. Er wurde von mehreren Gestapoleuten und einigen tschechischen Polizisten umzingelt. Boxer Nachtmann beförderte ihn mit der Faust zu Boden und ermöglichte auf diese Weise, daß er gefesselt wurde.

Im Sommer 1942, nach dem Tod Reinhard Heydrichs und dem darauf folgenden brutalen Massenterror gegen die Zivilbevölkerung, kam es zu wichtigen Veränderungen in der Sicherheitspolizei und im Sicherheitsdienst. Aus diesen Neuordnungen ging die Prager Gestapo gestärkt hervor. Im Herbst wurde Dr. Ernst Gerke an ihre Spitze berufen, der eher auf raffiniertere Methoden als auf Massenterror setzte, obwohl auch dieser kein Ende fand. Agentennetze wurden ausgeworfen und sogenannte Lockvogel-Organisationen gegründet, wobei ganze Spitzelgruppen eingesetzt wurden. Über den Rundfunk wurden Kontakte zu ausländischen Widerstandszentralen hergestellt und gleichzeitig »Auffangnetze« für die vor allem aus England kommenden Fallschirmspringer organisiert. In Berlin hatte eine Schulung zum Thema »Kampfmethoden gegen Sabotage und Fallschirmagenten« stattgefunden, an der von seiten der Prager Gestapo der damals dreißigjährige SS-Hauptsturmführer Kriminalkommissar Willy Leimer, gebürtig in Neuwied am Rhein, teilgenommen hatte. Er war mit vielen neuen Erkenntnissen und Materialien, darunter auch Photographien, zurückgekehrt und begann, ein neues Referat aufzubauen: SBF (Sabotage-Bahnen-Fallschirmagenten).[3] Dieses Referat hatte das Recht, eigene Agentenringe einzusetzen. Der Referatsleiter konnte seine Mitarbeiter nach eigenem Gutdünken aussuchen. Kommissar Leimer wählte neben dem bewährten Agenten Nestor Holejk, einem ukrainischen Emigranten, und Karel Čurda, einem ehemaligen Fallschirmagenten, der nach dem Attentat auf Heydrich seine Kollegen verraten hatte und zum Mitarbeiter der Gestapo wurde, auch Jaroslav Nachtmann aus. Zeitzeugen und Historiker sind sich einig, daß Nachtmann für Leimer nicht nur eine persönliche Vertrauensperson war, sondern ihm nach einer gewissen Zeit unersetzlich wurde. Ein Mitglied der Prager Gestapo, Karl Schnabel, ein Sudetendeutscher aus Tachau, der an der Liquidierung der Gruppe »V boj« beteiligt gewesen war, sagte nach dem Krieg über Nachtmann aus: »Durch seine Geschicklichkeit bekam er zu fast allen Widerstandsgruppen Kontakt. Durch seine Intuition hatte er so viele erstaunliche Erfolge, daß Leimer absolut auf ihn angewiesen war.«[32] Weitere Dokumente stützen Schnabels Worte.

Ende des Jahres 1942 wurde Nachtmann mit der Führung eines Agentenringes gegen Fallschirmspringer beauftragt. Er suchte sich leistungsfähige Männer, mit deren Hilfe er auf dem ganzen Gebiet des Protektorats ein Netz aufbaute, mit dem er die einzelnen isolierten Widerstandsgruppen kontrollierte. Seine Spitzel gaben sich als Mitglieder des »Widerstandszentrums« aus, die angeblich Fallschirmagenten suchten und ihnen Hilfe leisten sollten. Laut Dokumenten des Archivs des Innenministeriums sagte Nachtmann selbst dazu in den sechziger Jahren:

»Nach Meinung der Gestapo war es wichtig, Verbindung und Kontrolle über die weitverzweigte Organisation zu erlangen, mit deren Hilfe es möglich sein sollte, die abgesetzten ausländischen Fallschirmagenten zu bekämpfen.

Die erste Aufgabe, die die illegale Organisation zu erfüllen hatte, war die, einzelnen Mitgliedern, deren Bekannten und anderen Personen, die mit ihnen zusammenarbeiteten, direkte Verbindung zu den Fallschirmagenten, die über dem ganzen Gebiet des Protektorats abgesetzt wurden, zu ermöglichen.

Die Gestapo hatte nämlich aus den Erkenntnissen und Erfahrungen der früher abgesetzten Fallschirmagenten – konkret ging es um die Erkenntnisse von Čurda und Gerik* – gefolgert, daß die Fallschirmspringergruppen über die Lage im Protektorat nicht richtig informiert waren, daß ihnen falsche Mitteilungen über Verstecke gegeben wurden und daß sie sogar über Gebieten abgesetzt wurden, die zur Landung ungeeignet waren. Die Gestapo ging davon aus, daß diese Gruppen in den meisten Fällen auf sich selbst gestellt blieben und mit Hilfe von zufälligen Kontakten Verbindung zu Widerstandsorganisationen suchten, die ihnen bei ihren Aufgaben helfen und auch Versteck gewähren sollten. Eine illegale Organisation, die unter der Kontrolle der Gestapo und deren Spitzel stünde, könnte alle Erkenntnisse über die Existenz der Fallschirmagenten sammeln, ihnen helfen, und so könnte die Gestapo sehr schnell, aber unbemerkt, die Kontrolle über neu abgesetzte ausländische Fallschirmspringer übernehmen.

Die zweite Aufgabe der kontrollierten illegalen Organisation war eine Art Legalisierung der Tätigkeit der Spitzel, die auf eine andere Weise Verbindung zu den Fallschirmagenten fanden, als ich es oben angeführt habe. Das Ziel

* Vilém Gerik hatte wie Karel Čurda für eine hohe Belohnung seine Kampfgefährten, die Heydrich getötet hatten, an die Gestapo verraten. Beide wurden 1946 vor ein Prager Gericht gestellt, verurteilt und gehängt.

der Gestapo bestand nämlich nicht darin, die auf dem Gebiet des Protektorats abgesetzten Fallschirmspringer zu liquidieren, sondern sie lebendig in die Hände zu bekommen, um sie für die Arbeit bei der Gestapo zu gewinnen. Als ihre Spitzel sollten die ehemaligen Fallschirmagenten einerseits neue Agentengruppen ausheben und andererseits für Funk-Gegenspiele und zur Zersetzung der regionalen Widerstandsgruppen und -organisationen benutzt werden.«[33]

Soweit Nachtmann mit eigenen Worten. Er vergaß, darauf hinzuweisen, daß die aufgespürten Fallschirmspringer und deren Verwandte registriert und ins Internierungslager Svatobořice verbracht wurden.

Einige Mitglieder der liquidierten Organisationen wurden von der Gestapo nur deshalb in Freiheit gelassen, damit man eigene Spitzel an sie »anhängen« konnte. Viele Widerstandskämpfer wußten bis zum Ende des Krieges nicht, daß sie von der Gestapo mißbraucht worden waren.

Nachtmann war an der Zerschlagung der Fallschirmagentengruppen Intransitive, Bivouac, Glucinium, Sulphur und Barium beteiligt und spielte auch eine wichtige Rolle bei der Liquidierung der Spionagegruppe »Antimon« (wofür er befördert wurde). Bereits die Aufzählung der wichtigsten Gestapoaktionen, bei denen Nachtmann in Leimers Abteilung IV-2-b-2 mitarbeitete, würde den Rahmen dieser Darstellung überschreiten.

Eine der gemeinsamen Intrigen von Leimer und Nachtmann hatte höchstwahrscheinlich großen Einfluß auf deren Nachkriegsschicksal. Im Jahre 1944 bemühten sie sich, eine neue Spitzelgruppe namens »Zentralführung der revolutionären Nationalkomitees« zu gründen, mit deren Hilfe sie in die zentrale Führung des Widerstandes (die gar nicht existierte) vorstoßen wollten. Zur gleichen Zeit versuchten sie auch, in die illegale Organisation der tschechischen Protektoratspolizei zu gelangen. Dabei sollte ihnen Dr. Ženatý aus der Prager Polizeidirektion behilflich sein. Dieser wurde eines Abends »entführt« und mit verbundenen Augen in eine konspirative Wohnung gebracht. Agenten, die sich als russische Fallschirmspringer ausgaben, versuchten festzustellen, ob die Polizei mit dem Widerstand zusammenarbeiten wollte. Ženatý verriet sich nicht. Auch dann nicht, als Leimer ihm nach einigen Stunden die Augenbinde entfernte und sich zu erkennen gab. Freilassen konnte man ihn jetzt aber nicht mehr. Er wurde nach Theresienstadt gebracht, wo er hingerichtet werden sollte. Die Zeit war jedoch auf seiner Seite: Anfang Mai 1945 – gleich nach Ausbruch des Prager Aufstands am 5. Mai – holte ihn die Prager Polizei aus dem Konzentrationslager ab und brachte ihn zur Polizeidirektion, wo er seine frühere Funktion wieder übernahm. Ženatý fing augenblicklich an, nach Nachtmann zu suchen. Bereits am nächsten Tag fand er ihn im Hotel Ambassador – aber die tschechischen Widerstandskämpfer weigerten sich, ihn der Polizei auszuliefern. Nachtmann war nicht nur ein hervorragender Provokateur, sondern auch ein großer Schwindler; er hatte gleich mehrere Varianten für seine Rettung ausgearbeitet. Im Hotel Ambassador logierte er unter dem Namen Dr. Kejvan als Mitglied der Widerstandsgruppe Brutus. Er war sogar zum Kommandanten der Schutztruppe des Stabes ernannt worden. Nachtmann gab an, nur auf Befehl des Widerstands für die Gestapo gearbeitet zu haben, und daß er sich mit Präsident Beneš noch vor dessen Rückkehr nach Prag treffen solle, um ihn über den Widerstand zu informieren.

Um Nachtmann zu bekommen, wandte Dr. Ženatý am 7. Mai 1945 eine List an. Drei seiner Geheimagenten baten im Hotel Ambassador um Nachtmanns Hilfe bei Verhandlungen mit einigen in der Innenstadt verschanzten Gestapo-Mitgliedern. Nachdem einer der Beamten als »Bürge« im Hotel geblieben war, machte sich Nachtmann mit den beiden anderen auf den Weg. Am Wenzelsplatz brachten sie ihn zu Fall und fesselten ihn. Alle vorbereiteten Rettungsmöglichkeiten versagten. Auch die gefälschten Papiere, die Leimer seinen Mitarbeitern noch rechtzeitig ausgehändigt hatte, konnte er nicht benutzen.

Dr. Ženatý hielt Nachtmann in verschiedenen Verstekken gefangen und verhörte ihn. Am 9. Mai wurde Nachtmann in einer unterirdischen Zelle des Petschek-Palais eingekerkert – ein Ort, den er bis dahin stets mit dem Gefühl der Genugtuung und des Stolzes auf seine Fähigkeiten betreten hatte. Offiziere des sowjetischen Geheimdienstes SMERS verhörten ihn zum ersten Mal im ehemaligen Büro von Gerke. Am 15. Mai beantragten sie seine Auslieferung, und der Leiter des Gefängnisses (der unter den Deutschen selbst eingesessen hatte) lieferte ihn aus.

Zusammen mit Leimer. Das rettete Nachtmann zweifellos das Leben. Nach der Haft in verschiedenen Moskauer Gefängnissen des NKWD wurde er von einem Militärgericht zu fünfzehn Jahren Zwangsarbeit verurteilt. Leimer soll die Todesstrafe erhalten haben. Das NKWD hatte sich hauptsächlich für Nachtmanns Aktivitäten gegen sowjetische Fallschirmagenten interessiert, seine Aktivitäten gegen den tschechischen Widerstand wurden als weniger wichtig erachtet, und Nachtmann sah keine Veranlassung, damit zu prahlen.

Der Leser ahnt wohl schon, daß der Name Dr. Kejvan vom Mai 1945 nicht der letzte Deckname Jaroslav Nachtmanns war.

* * *

Im Jahre 1941 war der tüchtige Menschenjäger Nachtmann für seine persönliche Leistung bei der Verhaftung des führenden Offiziers der »Obrana národa«, Oberstleutnant Josef Balabán (der noch im selben Jahr hingerichtet wurde), mit dem Verdienstkreuz 2. Klasse ausgezeichnet worden. Einige Monate zuvor war Milena Krejcarová-Jesenská im Konzentrationslager Ravensbrück mit der Häftlingsnummer 4714 »ausgezeichnet« worden. Die Mithäftlinge respektierten sie schnell und verliehen ihr die Nummer des berühmten Kölnisch Wassers 4711, und im Block 1, der der Block der politischen Häftlinge wurde, begann man, die Krejcarová »Zarewa« – die »Herrscherin« – zu nennen.[34] Auf dem abgemagerten Körper trug sie die gleiche schlottrige Häftlingskleidung wie die anderen – ein blaugrau gestreiftes Kleid und eine Jacke derselben Farbe, über dem Kleid eine Schürze, um den Kopf ein weißes Tuch, unter dem nur zwei Zentimeter Haare hervorgucken durften. Es galten für sie dieselben Lagervorschriften und dasselbe Lagerregime. Sie hatte denselben Hunger, ihr war genauso kalt – oder vielmehr noch kälter als denen, die gesund gekommen waren –, sie sollte der gleiche erbärmliche und erniedrigte Sklave sein.

Milena Jesenská trug ein weißes Kopftuch, die vorgeschriebenen Zentimeter respektierte sie nicht; wenn sie es für nötig hielt, winkte sie damit sogar einer verwandten Seele, was nicht erlaubt war, anderen auch gar nicht einfiel und einige sogar empörte. Beim Zählappell stand sie nicht in der vorgeschriebenen Weise, sie marschierte nicht vorschriftsmäßig in Fünferreihen, wie es sich gehörte, und kein Wort, das aus ihrem Mund kam, war »lagergemäß«.

Sie war nicht 4714, sie war 4711, und bei dieser Metapher geht es nicht um Duft oder Mode. Nach zahlreichen schriftlichen und mündlichen Äußerungen von Mithäftlingen zu urteilen, bewahrte sie ihre innere Freiheit, ihre intellektuelle Unabhängigkeit, ihren pragmatischen und analytischen Verstand.

Man hatte Milena Jesenská im Herbst 1940 mit einem Transport aus Prag gebracht. In Ravensbrück traf sie auf Bekannte aus der Prager Gesellschaft und dem Pankrác-Gefängnis, sie lernte politische Häftlinge anderer Nationen kennen, mit denen sie im Block 1 untergebracht war.

Die Tschechinnen waren hauptsächlich in Block 8 und 13 einquartiert, aber im Frühjahr 1941 konzentrierte man im Block 1 die Häftlinge, die die Lagerleitung für die Büros, die Häftlingsselbstverwaltung, die Krankenabteilung, die Küche und das Lager benötigte, und so kamen unter »Leitung« der Blockältesten, der österreichischen Sozialdemokratin Rosa Jochmann, weitere Tschechinnen hinzu, die sich ihr Leben lang an Milena Jesenská erinnern sollten.

Im Block 1 arbeitete sie zunächst als Strickerin; stricken konnte sie, und es war eine ziemlich beliebte Entspannungstätigkeit für sie gewesen. Sie war jetzt jedoch schon ernsthaft krank und hatte geschwollene Hände und schmerzende Gelenke. Eine der führenden Kommunistinnen der Häftlingsselbstverwaltung, Ilsa Machová, verschaffte ihr dann – nach einem bald nach dem Krieg gegebenen Zeugnis Margarete Buber-Neumanns – eine Arbeit auf dem »Revier«, in der Krankenabteilung. Sie hatte dort eine Statistik über geschlechtskranke Frauen zu führen. Ilse Machová war Milena Jesenskás politische Einstellung bereits aus Prag bekannt. In Ravensbrück versuchten die Kommunistinnen aber zunächst, sie zu gewinnen, und eine gewisse Zeit trafen sie sich offensichtlich, um Angelegenheiten des Lageralltags zu besprechen. Diese »Idylle« konnte nicht lange währen, denn die Ansichten waren zu verschieden. Bald nach ihrer Ankunft in Ravensbrück spürte und erkannte dies auch die damals sehr junge Hanka Housková, die im Prager Pankrác-Gefängnis mit Milena Jesenská die Zelle geteilt und sie dort ins Herz geschlossen hatte.

»Wir stehen beim Arbeitsappell (...), und die Aufseherinnen der Außenkolonnen treffen ihre Wahl. (...) Einen Tag graben wir die gefrorene Erde um und werfen sie zur Seite, dann wird der neue gefrorene Haufen wiederum umgegraben. Wir fahren Schubkarren mit Kohle in den Kesselraum der Zentralheizung, und die Griffe fallen uns aus der Hand, weil sich die Finger von selbst öffnen. Wir laden Ziegel von einem Boot, das am Ufer des Sees vor Anker gegangen ist. Wir stehen in einer Reihe hintereinander, werfen Ziegel um Ziegel, und wieder ist Frost. Die großen unförmigen Fausthandschuhe sind uns hinuntergefallen, und die scharfen Ziegelkanten schneiden in die Handflächen. Das Blut gefriert, und mit jedem weiteren Ziegel reißen die Wunden wieder auf. Am Abend setzt sich Milena zu mir in den Tagesraum. – Zeig mal! – Sie nimmt meine Hände in die ihren und pustet auf die schmerzenden Handflächen. Am nächsten Tag bringt sie mir aus dem Krankenrevier Salbe und Verband. Sie reibt mir die Hände ein und sagt, daß es so nicht weitergeht und daß man etwas unternehmen muß. – Milena zerbricht sich den Kopf, und ich bin den blutigen Händen dankbar dafür, daß sie bei mir sitzt. Ich weiß schon, daß sie Grete hat. Sie schläft neben ihr! An meiner Stelle! Ja, an meiner Stelle. Aber Milena sage ich das nicht, weil – weil hier überhaupt alles anders ist. Jožka [Palečková-Jabůrková] und Ilsa [Machová] haben uns erklärt, daß Grete Trotzkistin sei, die Frau eines deutschen Kommunisten, der in Moskau hingerichtet wurde, weil er Verrat beging. Der Name Ernst Neumann* sagt mir nichts, bei dem Wort Verräter wird mir angst und bange, es ist ein furchtbares Wort, und es muß furchtbar sein, ein Verräter zu sein. Das Wort der Komintern klingt wie das Gottesgericht! Dort sind Obergenossen aus der ganzen Welt, die wissen und wissen müssen, wer und was und was und wie.«[35]

Milena Jesenskás Vorstellungen wichen in den meisten Punkten von der vorherrschenden Lagerideologie ab – etwa darüber, wem geholfen werden sollte und wem nicht, bis zur Einschätzung über die Befreiung durch die Rote Armee. Hanka Housková gelangte schließlich auch aufs Krankenrevier, von Zeit zu Zeit kam sie auf einen Sprung in die Schreibstube, in der neben Milena Jesenská auch eine junge Freundin und Genossin von ihr arbeitete:

»Im Flur begegnete ich Grete. Sie ging zu Milena. Sie hat auch eine Binde. Eine grüne. Sie ist die Sekretärin der Oberaufseherin Langefeld. Wir nicken uns zu. Als ob wir uns grüßten. Ich mag sie nicht, weil ich eifersüchtig bin. Und ich habe Angst vor ihr, weil sie anders ist, etwas Geheimnisvolles hat und ich sie wohl nicht verstehen würde. (...) In der Schreibstube arbeiten zwei Polinnen, Frau Pela und Frau Tusza. Die Tusza ist eine reiche Frau mit einer Villa in Zakopane und einem Haus in Warschau. Ihr

* gemeint ist Heinz Neumann

Mann arbeitete im nationalen Widerstand, und man hat sie alle geholt, ihn, sie und den fünfzehnjährigen Sohn. (...) Frau Pela war, glaube ich, Beamtin. Das waren zwei liebe, anständige Frauen. In der Ruhe der Schreibstube wurde keine Politik gemacht. Auf die Freiheit warteten wir alle gleich sehnsüchtig. Nur – sie erwarteten diese von den Amerikanern und wir von der Sowjetunion. Einmal klammerten wir uns an irgendeine Nachricht fest, die jemand über die Situation draußen mitgebracht hatte. Und damals sagte die Pela: Für uns ist Hitler besser als Stalin. Polen wird aus dem Schrecken und der Asche auferstehen, und das geliebte Vaterland wird von Meer zu Meer reichen. Das war unglaublich, wir erhoben alle Einspruch. Wie konnte man das sagen, hier, hier, wo wir doch sehen, was Hitler ist. Wer hat denn ganz Europa eingenommen, wer mordet und rottet alles Lebendige aus, wo er hinkommt. Wir schreien uns an. Ich schäume. Milena steht auf und treibt uns auseinander. Genug damit – Hört auf, sagt sie, wenn euch die Oberschwester oder die Ärzte hören, wird es bös enden. – Milena, wie kannst du nur! Geht es denn jetzt darum? – Hier und jetzt geht es darum, sagt Milena trocken. Ich schreie sie an, daß sie doch nicht neutral bleiben kann, daß sie sagen muß, auf welcher Seite sie steht und nicht irgendwo in der Mitte stehenbleiben kann. – Ja, sagt Milena leise, entweder auf der einen oder der anderen Seite der Barrikade, nein, Hanička, du verstehst überhaupt nichts. – Ich laufe auf den Flur hinaus. Ich verstehe nicht. Was verstehe ich nicht? Was soll ich verstehen? Sie verstehe ich nicht. Milena, dich verstehe ich nicht. Also zu wem gehörst du? Sag, zu wem du eigentlich gehörst? – Milena läuft mir nicht hinterher. Sie kann nicht. Und sie weiß, wie es mir geht.«[36]

Die jungen Kommunistinnen, die vor dem Einfluß der »Trotzkistinnen« bewahrt werden sollten, waren instruiert worden, der Kontakt zu Milena Jesenská war untersagt. Einige von ihnen hörten nicht darauf und verloren damit die schützende Hand der führenden Parteifunktionärinnen. Milena Jesenská ertrug den Parteijargon dieser Funktionärinnen nur schwer und provozierte sie zu Äußerungen. Auch deren pathetische Stilisierung als Heldinnen eines großen Kampfes waren ihr fremd. Sie hatte Sinn fürs Detail, die Fähigkeit zur präzisen Einschätzung, sie verfügte über die Kunst, genaue Fragen zu stellen – in diesem Milieu gedieh kein Pathos. Ihre Logik, ihre nüchternen und sachlichen Kommentare mußten die andere Seite reizen.

Nach Aussage von Marie Svědíková – einer, die nicht auf die Parteiführung hörte, deren Schutz verlor und sich für immer von den Kommunisten trennte – war es Tomy Kleinerová, die den Abstand zwischen der »anderen Seite« und Milena Jesenská mit Witz und Spott zu überbrücken suchte und die Gefangenen immer wieder zum Lachen brachte. Tomy Kleinerová – Milenas und Gretes »Mitübernachterin« auf dem Strohsack im Block 1, später auch eine treue »Hüterin« der kranken Milena – hatte vor dem Krieg im Christlichen Verein Junger Frauen gearbeitet und war in Ravensbrück Straßenkehrerin, ausgestattet mit einem Besen, einem Blechkübel und der Möglichkeit freier Bewegung im Lager – und mit Lachen (bis zu dem Moment, als sie vom Tod ihres Mannes erfuhr*).

Tomy Kleinerová, die Milena Jesenská so nahe stand, beging jedoch eine Sünde (eine von vielen), die Milena auch nicht in ihren ausweglosesten Momenten aufmuntern

* Er war von den Nationalsozialisten hingerichtet worden.

konnte: Etwa jede Woche, wenn nicht öfter, brachte Tomy von der Lagerstraße eine »garantiert« gute Nachricht mit, über die Bewegung an der Front, über das baldige Kriegsende..., einfach über eine rosige Zukunft. Doch auch hier war Milena Jesenská nicht fähig, sich zugunsten der Illusion täuschen zu lassen. Eine rosige Zukunft sah sie weder an ihrem Horizont noch am Horizont ihres Landes und nicht einmal am Horizont der Nachbarländer.

In der Schreibstube des Krankenreviers zu arbeiten war von großem Vorteil. Es bedeutete eine Arbeit im Sitzen, im Warmen, die Möglichkeit, sich zu waschen, nicht in die Arbeitskolonnen zu müssen, die außerhalb des Lagers eingesetzt wurden und noch mehr Hunger litten. Hinzu kam die Nähe der ärztlichen Versorgung, soweit diese innerhalb der Lagermauern möglich war. Zunächst kümmerte sich vor allem die tschechische Ärztin Míla Janů um Milena Jesenská; zu einer Zeit, als die inhaftierten Ärztinnen lediglich als Krankenschwestern arbeiten durften, also bis zum Spätsommer des Jahres 1943. (Míla Janů hat Ravensbrück nicht überlebt.)

Besonders kritisch wurde die Zeit für Milena Jesenská, als sie – um Margarete Buber-Neumann vor dem Strafbunker zu bewahren – die Machenschaften des SS-Arztes Rosenthal bei der Lagerleitung aufdeckte, eines Mörders, aber auch eines Diebes, der »den Führer und das Reich« um einen Teil des Zahngoldes seiner Opfer betrog. Über eine Mitgefangene, die als Lagerspitzel bekannt war, wandte sich Milena Jesenská an Ludwig Ramdohr, den berüchtigten Chef des Sicherheitsdienstes des Lagers.

»Was aber wäre mit Milena geschehen, wenn Ramdo[h]r den Arzt Rosenthal gedeckt hätte? Man hätte keinen Tag verstreichen lassen, sie zu ermorden. Sie wußte es, und trotzdem wagte sie diesen Gang. – Aber dann folgte die lähmende Erkenntnis ihrer Schwäche. Solange sie angriff, vergaß sie die Bürde ihres kranken Körpers.« So erinnerte sich Margarete Buber-Neumann.[37]

Nach der Verhaftung Rosenthals kam ein neuer SS-Arzt, Percy Treite.[38] Durch ihn veränderte sich die Situation auf der Krankenstation deutlich zum Besseren. Die inhaftierten Ärztinnen durften jetzt – in begrenztem Umfang – ihren Beruf ausüben. Für Milena Jesenská sorgte nun, bis zu ihrem Tode, die Ärztin Zdeňka Nedvědová-Nejedlá, die auf der Krankenstation tätig war. Einige Fakten um ihre Krankheit, zum Beispiel das Datum der Nierenoperation oder die Begleitumstände der Blutspende, können nicht genau bestimmt werden; die Erinnerungen gehen hier in wesentlichen und unwesentlicheren Teilen auseinander.

Milena Jesenská erleichterten die Veränderungen Dr. Treites auf der Krankenabteilung das Lebensende, ihr Leben retten konnten sie nicht. Sie starb am 17. Mai 1944.

* * *

Der Krieg war vorüber. Von den Dreien, von denen hier die Rede ist, kehrte nur einer nach Hause zurück: Joachim von Zedtwitz. Nach eigenem Willen war er tschechoslowakischer Staatsbürger, nach deutschem Gesetz deutscher. Gemäß dem Verfassungsdekret Nr. 33/1945 des Präsidenten der Republik behielten Personen deutscher oder ungarischer Nationalität die tschechoslowakische Staatsbürgerschaft, wenn sie beweisen konnten, »daß sie der Tschechoslowakischen Republik treu geblieben sind, niemals gegen das tschechische und slowakische Volk schuldig geworden und entweder im Kampf für deren

Befreiung tätig gewesen sind oder unter dem nationalsozialistischen Terror gelitten haben«. Einen Antrag auf Prüfung, ob die tschechoslowakische Staatsbürgerschaft fortbesteht, konnte man binnen sechs Monaten nach Inkrafttreten dieses Dekrets (d.h. nach dem 2. August 1945) beim zuständigen Bezirksverwaltungsausschuß stellen. Entschieden wurde darüber durch das Innenministerium auf Vorschlag des Landesnationalausschusses.

Den Antrag von Joachim von Zedtwitz nahm die Bezirksverwaltung in Asch am 24. August 1945 entgegen. Zum Innenministerium gelangte er drei Wochen später durch den Bezirksverwaltungsausschuß in Asch. Das Verfahren zog sich bis zum Sommer 1948 hin und lohnt einer eigenen Betrachtung. In Kürze:

Zedtwitz' Antrag waren ordnungsgemäß Zeugenaussagen über seine antifaschistische Tätigkeit beigefügt sowie eine Bestätigung des Verbandes der Befreiten Politischen Häftlinge in Prag über seine Haft. Der Bezirksverwaltungsausschuß empfahl am 3. Oktober 1945 eine positive Beurteilung. Unter den Zeugenaussagen waren Unterschriften von ernstzunehmenden Persönlichkeiten: Ferdinand Peroutka, Architekt Jaromír Krejcar, Lumír Čivrný, der Presseattaché der britischen Botschaft Kenneth Ogier (einer der vier Engländer, mit denen Zedtwitz 1939 zusammengearbeitet hatte), von den Geretteten Evžen Klinger, Walter Tschuppik und einige andere. Diesen Erklärungen standen im Polizeiarchiv einige anonyme Denunziationen gegenüber, die rein zufällig in die Polizeiberichte geraten waren. Eine davon kam dem Innenministerium sehr gelegen und zog sich bis zum Schluß durch das Verfahren: Nach einer »vertraulichen Nachricht« sollte er »unter dem Namen Alexandr Polanský Kontakte zu kommunistischen

Emigranten suchen und über sie nach Deutschland berichten« und nach einer weiteren »vertraulichen Nachricht« des gleichen Informanten »sagte er selbst, daß er zwar Mitglied der SA war, aber zu der Überzeugung gekommen sei, daß nur soz.-polit. Richtungen richtig seien.«[39] Auf diese einzige unbelegte und anonyme Behauptung hat sich das Innenministerium immer wieder bezogen, und das entgegen der Bestätigung des Bezirksverwaltungsausschusses in Neuberg vom September 1945: »In den hier befindlichen Verzeichnissen der NSDAP ist nichts zu finden. Aus den beigelegten Dokumenten geht eindeutig eine antifaschistische Überzeugung und Tätigkeit sowohl vor als auch nach der Besetzung der ČSR hervor.«[40] Auch die Bescheinigung der Polizei seines Wohnorts, daß er in keinem bedenklichen deutschen oder tschechischen Verband bzw. keiner Partei gewesen ist, daß er kein Mitglied der SA war und daß er sich um die reichsdeutsche Staatsbürgerschaft »nicht bemüht hatte, sondern sie von Amts wegen erhielt [...] im Sinne des Erlasses des damaligen Führers und Reichskanzlers vom 16.3.1939«, wurde vom Innenministerium nicht berücksichtigt, obwohl die Bescheinigung der Polizei mit den Worten schließt: »Gegen den Antragsteller wurden keine Umstände bekannt, die der Beibehaltung bzw. Rückgabe der tschechoslowakischen Staatsbürgerschaft entgegenstünden.«[41] Die Polizei änderte ihre Meinung erst nach einer Anzeige – durch eine »vertrauliche Information« war ein Mitglied der Grenzpolizei in Kenntnis gesetzt, daß Zedtwitz einige Koffer und Kisten auf einem Handwagen von Neuberg nach Bad Elster transportiert haben soll. Die Grenzpolizei ordnete eine scharfe Überwachung der Grenze an, aber Dr. Zedtwitz »wurde hier niemals wieder gesehen«. Bei einer Hausdurchsuchung konfiszierte man einen Teil des Silberbestecks, den Familienschmuck fand man nicht (dieser war in der Handtasche von Zedtwitz' Mutter in Sicherheit gebracht). Das alles diente der Verzögerung des Antrags um die Beibehaltung der tschechoslowakischen Staatsbürgerschaft. Derselbe Wachtmeister, der den Antrag im Oktober 1945 befürwortet hatte, sprach sich im Dezember dagegen aus.

Nach den erhaltenen Dokumenten scheint es ziemlich sicher zu sein, daß der Antrag und die entsprechenden Belege unterschiedlich beurteilt wurden: das Innenministerium auf der einen Seite und die Bezirksverwaltung, das Präsidialamt und das Oberste Verwaltungsgericht auf der anderen.

Im November 1946 faßte ein Referent des Landesnationalausschusses die Gründe für eine positive Entscheidung zusammen und kritisierte den ablehnenden Bescheid vom 12. September 1946: »Der Bezirksverwaltungsausschuß in Asch hat zu dem Antrag einen negativen Standpunkt eingenommen und führt an, daß keine Umstände und Voraussetzungen nach § 2 Dekret Nr. 33/1945* festgestellt wurden. Dem widerspricht aber das oben Angeführte.«[42] Ungefähr zur gleichen Zeit, als der Antrag vom Bezirksverwaltungsausschuß in Asch abgelehnt wurde, empfahl das Antifaschistische Komitee, der Verband der politischen Gefangenen, einstimmig eine positive Entscheidung.

Im Herbst 1946 wandte sich Joachim von Zedtwitz mit folgender Bitte an das Präsidialamt der Tschechoslowakischen Republik:

* Beweise für die Treue dem tschechoslowakischen Staat gegenüber sowie für eine antifaschistische Haltung.

»1. Es soll verhindert werden, daß ich abgeschoben werde, da es in meinem Falle für die Abschiebung keine gesetzliche Grundlage gibt.

2. Es soll dafür gesorgt werden, daß meine beiden Anträge dem Innenministerium zur endgültigen Entscheidung vorgelegt werden.

3. Es soll mir eine vorläufige Bestätigung über die tschechoslowakische Staatsbürgerschaft ausgestellt werden oder ein ähnliches schriftliches Dokument, das meine ungesetzliche Abschiebung verhindert.«[43]

Die Antwort des Innenministeriums, an das das Gesuch weitergeleitet wurde, stammt vom 20. Februar 1947: »Das Innenministerium entspricht dem Antrag des Obengenannten nicht [...], weil er nicht nachgewiesen hat, daß er die Voraussetzungen erfüllt [...].«

Nach den allgemeinen Begründungen wird noch ein konkreter Grund für die Ablehnung angeführt: »Der Antragsteller hat seine Treuepflicht der Tschechoslowakischen Republik gegenüber dadurch verletzt, daß er Mitglied der SA war.« Für den Minister zeichnete Dr. Chala, und ferner findet sich das Zeichen der Staatssicherheit. Die so begründete Ablehnung schickte das Innenministerium dem Bezirksverwaltungsausschuß in Asch. Dieser gab die Entscheidung dem Antragsteller bekannt, ohne allerdings den Grund für den negativen Bescheid zu nennen.[44]

Zedtwitz reichte gegen diese Entscheidung des Innenministeriums beim Obersten Verwaltungsgericht in Prag Beschwerde ein. Dieses erhielt die ausführliche Beschwerde am 13. Mai 1947. Das Urteil im Namen der Republik wurde am 4. Februar 1948 verkündet. Das Oberste Verwaltungsgericht entschied: »Die genannte Entscheidung wird aufgehoben.«[45]

Joachim von Zedtwitz gewann seinen Prozeß also Anfang Februar 1948. Am 25. Februar kam es zur Machtübernahme der Kommunisten im Lande. Im Sommer desselben Jahres ging Zedtwitz in die Emigration. Die deutsche Staatsbürgerschaft schlug er aus und lebte zunächst staatenlos als tschechoslowakischer Flüchtling in Berlin, wo er als Internist arbeitete. Im Jahre 1959 siedelte er in die Schweiz über.

In dem Brief, den Walter Tschuppik 1947 an Joachim von Zedtwitz geschrieben hatte, befand sich eine Mitteilung an Milena Jesenskás Tochter Jana: »Und sagen Sie ihr, was man gar nicht in Worte fassen kann: Daß Milena Jesenská vor mir in der Erinnerung als der gütigste und größte Mensch steht, dem ich je begegnet bin. Ihre Selbstlosigkeit, ihr Mut, ihre Entschlossenheit, ihr kühnes Handeln – ach, wie mußte sie es büßen, ein außergewöhnlicher Mensch zu sein! Dafür gibt es keinen Ausdruck!«

Gleich nach dem Krieg waren einige Nekrologe und Erinnerungen zu Ehren Milena Jesenskás erschienen. Den ersten Nekrolog verfaßte, noch in den USA, Stanislav Budín.[46] Er wies darauf hin, daß Milena Jesenská in der Zeit der nationalen Katastrophe »der Geist der Přítomnost« gewesen sei: »Ihre ruhige Stimme, ihre ruhigen und zugleich leidenschaftlichen Artikel wurden in diesen Tagen [...] zu einem Stützpunkt, um den sich alles versammelte, was den Kopf noch nicht verloren hatte und auch nicht das Gefühl für Würde und Stolz.« Er berichtete, daß es einige Versuche gegeben hatte, Milena Jesenská aus dem Protektorat herauszuholen. Sie selbst hat für eine mögliche Ausreise fast nichts unternommen. Offensichtlich wollte sie das Land nicht verlassen.

In der tschechischen Presse wurden auch einige Erinnerungen publiziert, darunter die von Anička Kvapilová, einer Mitgefangenen aus Ravensbrück:

»Während die anderen sich bemühten, ihren modus vivendi zu finden und den Weg des geringsten Widerstandes zu gehen, hat sich Milena Jesenská niemals mit der Situation abgefunden. Während die anderen der optimistischen Hoffnung nachjagten, um sie wie ein Narkotikum zu trinken, blieb sie sachlich und bewahrte sich ihre praktische Logik und ihre scharfe Kritikfähigkeit gegenüber der politischen Lage.« [47]

Auch die tschechischen Schriftsteller Jiří Weil und Marie Pujmanová widmeten Milena Jesenská Artikel.

Dann wurde es lange still um sie. Bald nach dem Februarumsturz 1948 kam es zu ersten politischen Prozessen, in die einige von Milena Jesenskás Freunden und Mitstreitern verstrickt waren wie Záviš Kalandra, Tomy Kleinerová und Evžen Klinger. Kalandra wurde zum Tode verurteilt, Tomy Kleinerová* und Evžen Klinger erhielten Gefängnisstrafen.

Im Jahre 1960 erschien ein von einem Redaktionskollektiv ehemaliger Häftlinge herausgegebener Sammelband über Ravensbrück, der folgende Passage enthielt:

»Außer den Nationalistinnen waren in Ravensbrück auch Trotzkistinnen, unter ihnen besonders die Deutsche Margarete Buber-Neumann, die sich bemühten, durch einschmeichelnde demagogische Phrasen besonders die jungen, politisch unerfahrenen Genossinnen zu beeinflussen.

* Tomy Kleinerová, eine Abgeordnete der Volkssozialistischen Partei, war 1949 verhaftet und 1950 zu lebenslanger Haft verurteilt worden. Nach zwölf Jahren Gefängnis wurde sie 1961 begnadigt.

Für den Charakter der Trotzkistinnen ist es bezeichnend, daß sie mit großer Freude auf den Angriff der Faschisten auf die UdSSR reagierten, von dem sie sich den Fall der Sowjetregierung erhofften. Grete Buber führt heute im Westen einen aktiven Kampf gegen die UdSSR und stellt sich in eine Reihe mit den ehemaligen und sich wieder erhebenden faschistischen Mördern. Zu diesem Kreis gehörte auch die Tschechin Milena Jesenská. Es war notwendig, die falschen Ansichten der Trotzkistinnen äußerst scharf zu bekämpfen.«[48]

In der zweiten Auflage des Buches von 1963 fehlte dieser Passus, der Name Milena Jesenská tauchte nicht mehr auf. Über Margarete Buber-Neumann hieß es jetzt: »... die Deutsche Margarete Buber-Neumann, die sich im Lager mit Trotzkistinnen umgab, bemühte sich besonders, die jungen noch wenig erfahrenen Mädchen politisch zu beeinflussen.«[49]

In den sechziger Jahren löste sich in der Tschechoslowakei die politische Spannung, der bitterste Terror war vorüber. Auf der berühmten Kafka-Konferenz 1963 in Liblice bei Prag wurde Milena Jesenská als erste Kafka-Übersetzerin ins Tschechische gewürdigt. František Kautmann wies darauf hin, daß die westlichen Kafka-Forscher ein Unrecht an ihr begingen, in ihr nur eine Frau zu sehen, die einem großen Dichter nahestand. »Milena Jesenská war im tschechischen Kulturleben eine außergewöhnliche Erscheinung.«[50] Im August 1966 erinnerte Professor Eduard Goldstücker an sie.[51]

1968, im hoffnungsvollen Jahr des »Prager Frühlings«, konnte schließlich die tschechische Ausgabe von Kafkas »Briefe an Milena« erscheinen. Aber nach der sowjetischen Okkupation, während der sogenannten Normalisierung, durfte Jana Černás Buch über ihre Mutter nach bereits erfolgtem Druck schon nicht mehr ausgeliefert werden.

Und Jaroslav Nachtmann? Das NKWD hatte mit ihm keine Probleme, auch die Gefängnisverwaltung nicht. Im Arbeitslager Siblag in Sibirien führte er sich tadellos, er war dort als Zahntechniker tätig. Im Lager Ozorlag bei Taischet im Gebiet von Irkutsk arbeitete er zuerst in der Holzverarbeitung, später wiederum als Zahntechniker und schließlich im Lagerkrankenhaus als Zahnarzt, der er allerdings niemals war. Die Lagerführung wurde von ihm bereitwillig informiert. Als Spitzel des NKWD bekam er den Decknamen Eva. Wegen guter Dienste wurde er schon im Jahre 1955 entlassen. Im September desselben Jahres sollte er mit einem Transport deutscher Kriegsgefangener abgeschoben werden, doch es geschah etwas Unerklärliches – er beantragte die Genehmigung, in der Sowjetunion zu bleiben. Dem wurde nicht stattgegeben. Wie in den Protokollen im Innenministerium nachzulesen ist, sprang er daraufhin in Taischet aus dem Zug. Danach durfte er bleiben. Er heiratete M.I. Litwinowa, die er schon in Siblag kennengelernt hatte, sie bekamen eine Dienstwohnung, und beide arbeiteten in der Poliklinik des KGB. Die nötigen Papiere dazu erhielt Nachtmann, obwohl er keine sowjetische Staatsbürgerschaft besaß. Anfang der sechziger Jahre trat er in Briefkontakt mit seinen Eltern in der Tschechoslowakei und begann, über eine Rückkehr nachzudenken. Die tschechische Staatssicherheit hatte nach dem Krieg nur sehr rudimentäre und zum Teil falsche Informationen über ihn besessen. Seit Ende der fünfziger Jahre wußte sie dann Bescheid. Als das Innenministerium anfing, sich erneut und gründlich mit den deutschen Agentenringen auf dem Gebiet der Tschechoslowakei während des Krieges zu beschäftigen und Informationen zu sammeln, sie zu nutzen und daraus zu profitieren, entstand die Aktion »Karel«. Darunter fiel auch der Auslieferungsantrag für Nachtmann.

Er selbst konnte seine Situation positiv sehen, denn sein Name tauchte in der Kriegsliteratur nicht auf, dafür aber die Namen seiner Opfer, der Fallschirmagenten aus England. Und diese wurden propagandistisch durch den Schmutz gezogen. Einige seiner Bekannten aus den Kriegsjahren arbeiteten inzwischen als Agenten für die tschechoslowakische Staatssicherheit. Nach einem Besuch der tschechoslowakischen Botschaft in Moskau im Jahr 1957, wo er die tschechoslowakische Staatsbürgerschaft beantragen wollte, mußte Nachtmann jedoch feststellen, daß ihm nach seiner Rückkehr möglicherweise ein Prozeß drohte. Er war zwar ein begnadeter Mystifikator, aber die Situation war jetzt eine andere. Vielleicht hatte ihn auch seine Phantasie schon verlassen. Wer glaubte schon seinen oder den von seiner Mutter verbreiteten Erzählungen, welches Ansehen er in der Sowjetunion besaß? Wer glaubte denn, daß er – wie er bei der Unterredung in der Botschaft erklärte – nach einer schweren Krankheit das Gedächtnis verloren hatte?

Im Frühjahr 1959 wurde er auf Antrag der tschechoslowakischen Behörden wegen seiner Gestapotätigkeit vom KGB verhört. 1963 erging ein Haftbefehl gegen ihn. Auf dem Moskauer Flughafen Scheremetewo wurde er der tschechoslowakischen Staatssicherheit übergeben und mit einem Sonderflugzeug nach Prag gebracht, wo er nach kurzer Vernehmung in Untersuchungshaft kam. Im Archiv des Innenministeriums liegen umfangreiche Verhörprotokolle aus den Jahren 1963 und 1964. Anhand von Zeugenaussagen wurde ihm die indirekte Schuld am Tod von etwa 200 Mitgliedern des Widerstandes nachgewiesen. 1964 erhielt er eine vierzehnjährige Gefängnisstrafe, wobei ihm die Zeit in den sowjetischen Gulags angerechnet wurde.

Im Gefängnis verfaßte Jaroslav Nachtman* Erinnerungen, in denen er versuchte, Reue zu zeigen, und sein gutes Gedächtnis unter Beweis stellte. Bald begannen aus dem Gefängnis in Valdice Meldungen vom »Vertrauensmann Jaroslav« nach Prag zu fließen. Spätere Informationen, schon in Freiheit, unterschrieb er auch mit dem Namen Míla. Seit 1966 lebte er bei seiner Mutter in Prag, offiziell als Staatenloser.

Das tschechoslowakische Innenministerium bemühte sich sehr um ihn. Durch seine Veranlassung bekam er Arbeit im Krankenhaus in Benešov, später arbeitete er als Zahnarzt in Votice. Im Jahre 1968 enthüllte die Presse (»Mladá fronta« und »Práce«) seine Identität, und Ende April 1969 wurde er für seine Tätigkeit als Arzt ohne Hochschulausbildung auf Bewährung verurteilt. Arbeitslos und ohne Geld begann er, Betrügereien zu begehen, und wurde für die Staatssicherheit unbrauchbar und zunehmend lästig.

Als Nachtman 1970 seine Ausreise in die Bundesrepublik Deutschland beantragte, bereitete er dem Innenministerium neue Sorgen. In der Tschechoslowakei wurde er zwar nicht mehr gebraucht, man hatte aber Angst, ihn außer Landes gehen zu lassen. Es dauerte vier Jahre, bis seine Angelegenheit entschieden wurde. Die Deutsche

* Nach seiner Rückkehr aus der Sowjetunion schrieb Nachtmann seinen Namen nur noch mit einem »n«.

Handelsmission engagierte sich für ihn, auch finanziell. Die tschechoslowakische Staatssicherheit versuchte, auf den Antragsteller einzuwirken, von seinem Gesuch Abstand zu nehmen. Als Nachtman jedoch auf seinem Vorhaben bestand, drohte man ihm, der deutschen Seite seine Vergangenheit zu enthüllen. Mittlerweile lag aber bereits eine Anfrage der Handelsmission der Bundesrepublik Deutschland vor, aus welchen Gründen die tschechischen Behörden Nachtman an der Ausreise hinderten. Anfang Mai 1974 konnte er schließlich in die Bundesrepublik Deutschland einreisen. Ein Jahr später schloß man seine Akte bei der tschechoslowakischen Staatssicherheit.

Die deutsche Staatsbürgerschaft hatte er bereits vor seiner Ausreise erhalten – mit achtundfünfzig Jahren. Offensichtlich unbehelligt lebte er fortan in Bayern.

Joachim von Zedtwitz, der nach dem Krieg eigentlich tschechoslowakischer Staatsbürger bleiben wollte, wartete auf die schweizerische Staatsbürgerschaft, während er als Arzt in verschiedenen Orten der Schweiz tätig war. Anfang der achtziger Jahre erhielt er die Dokumente – im Alter von siebzig Jahren. Im Alter von fünfundachtzig Jahren beantragte er 1995 die Wiedererlangung der tschechischen Staatsbürgerschaft. Das Verfahren ist noch nicht abgeschlossen.

Nachdem er von den Funden im Zentralen Staatsarchiv erfahren und die Gestapo-Akte Milena Jesenská eingesehen hatte, stellte er am 29. Mai 1995 beim Bundesministerium der Justiz in Bonn eine Strafanzeige gegen Jaroslav Nachtman wegen Verbrechens gegen die Menschlichkeit bzw. Mord. Er wies auf die umfangreiche Dokumentation hin, die in Prag über Nachtman liege, und erbot sich,

כל המקיים נפש אחת כאילו קיים עולם מלא
WHOEVER SAVES ONE LIFE IS AS THOUGH HE HAD SAVED THE ENTIRE WORLD

זכירה סוד הגאולה
(הבעש"ט)
Remembrance is the Secret of Redemption
(Baal-Shem-Tov)

תעודת כבוד
Certificate of Honour

THIS IS TO CERTIFY THAT IN ITS SESSION OF DECEMBER 14, 1994 THE COMMISSION FOR THE DESIGNATION OF THE RIGHTEOUS, ESTABLISHED BY YAD VASHEM, THE HOLOCAUST HEROES' & MARTYRS' REMEMBRANCE AUTHORITY, ON THE BASIS OF EVIDENCE PRESENTED BEFORE IT, HAS DECIDED TO HONOUR

וזאת לתעודה שבישיבתה מיום יא טבת תשנ"ה החליטה הועדה לציון חסידי אומות העולם שליד רשות הזיכרון יד ושם על יסוד עדויות שהובאו לפניה, לתת כבוד ויקר ל

Milena Jesenska — **מילנה יסנסקה**

WHO, DURING THE HOLOCAUST PERIOD IN EUROPE, RISKED HER LIFE TO SAVE PERSECUTED JEWS.
THE COMMISSION, THEREFORE, HAS ACCORDED HER THE MEDAL OF THE RIGHTEOUS AMONG THE NATIONS.
HER NAME SHALL BE FOREVER ENGRAVED ON THE HONOUR WALL IN THE GARDEN OF THE RIGHTEOUS, AT YAD VASHEM, JERUSALEM.

על אשר בשנות השואה באירופה שמה נפשה בכפה להצלת יהודים נרדפים מידי רודפיהם ולהעניק להם את המדליה לחסידי אומות העולם.
שמה יונצח לעד על לוח-כבוד בחורשת חסידי אומות העולם ביד ושם.

Jerusalem, Israel
FEBRUARY 12, 1995

ניתן היום בירושלים
יב אדר א תשנ"ה

בשם רשות הזיכרון יד-ושם
ON BEHALF OF THE YAD VASHEM DIRECTORATE

Dr. M. Bejski
בשם הועדה לציון חסידי אומות העולם
ON BEHALF OF THE COMMISSION FOR THE DESIGNATION OF THE RIGHTEOUS

beglaubigte Kopien zu besorgen. Nachdem sich die Bearbeitung der Strafanzeige wegen »Zuständigkeitsfragen« einige Monate hingezogen hatte, erhielt Joachim von Zedtwitz mit Schreiben vom 4. August 1995 von der Zentralen Stelle der Landesjustizverwaltungen folgende Antwort:

> Sehr geehrter Herr Dr. Graf Zedtwitz,
>
> auf Ihre an das Bundesministerium der Justiz in Bonn gerichtete und an die Zentrale Stelle zur Aufklärung von NS-Verbrechen in Ludwigsburg zuständigkeitshalber weitergeleitete Strafanzeige gegen Jaroslav Nachtman, geboren am 01.11.1915 in Krocchlavy bei Kladno, Böhmen, muß ich Ihnen leider mitteilen, daß Jaroslav Nachtman lt. Mitteilung des Einwohnermeldeamtes 84032 Landshut vom 27.07.1995 am 02.05.1995 in Regen verstorben ist.
> Nachtman war hier als ehemaliger Angehöriger der Stapo-Leitstelle Prag bekannt. Es lagen aber bisher keine konkreten Verbrechensvorwürfe gegen ihn vor.«

Die einzige öffentliche Anerkennung, die Milena Jesenská und Joachim von Zedtwitz für ihre Widerstandstätigkeit erhielten, ist die Würdigung des Staates Israel, der ihnen den Ehrentitel »Gerechte unter den Völkern« verlieh. Joachim von Zedtwitz bekam diese Auszeichnung am 4. April 1995 in Prag vom israelischen Botschafter Moshe Yegar überreicht. Für Milena Jesenská nahm ihr Enkel Jan Černý die Auszeichnung entgegen.

Anmerkungen

1 Jana Černá, Adresát Milena Jesenská, erste Auflage Prag 1969 (nicht ausgeliefert), zweite Auflage Prag 1991. Deutsche Ausgabe: Jana Černá, Milena Jesenská, Frankfurt 1985

2 Archiv des Innenministeriums Prag; im weiteren AMV (Archiv ministerstva vnitra Praha), Fonds Deutsche Prozesse, 141-289-16, Strafsache gegen 1. Krejcarova-Jesensky, Milena 2. Slaba, Karl

3 AMV, Z-6-334

4 ebenda

5 Zentrales Staatsarchiv Prag; im weiteren SÚA (Státní ústřední archiv Praha), Fonds Polizeidirektion Prag, 1941 -, Z 716/3

6 Jiří Šolc, Dáblova past. Hlášení o výsledcích Akce Karel [Satansfalle. Nachrichten über die Ergebnisse der Aktion Karel], Prag 1993

7 Milena Jesenská, »Praha, ráno 15. března«. In: »Přítomnost«, 22. März 1939. Deutsch: »Prag, am Morgen des 15. März«, in: Milena Jesenská, Alles ist Leben. Feuilletons und Reportagen 1919-1939, 4. veränderte Auflage Frankfurt 1996, S. 239-240

8 Brief Zedtwitz' an die Autorin. Siehe auch Margarete Buber-Neumann, Milena, Kafkas Freundin, München-Wien 1978, S. 212/213

9 Milena Jesenská, »Prag, am Morgen des 15. März, a.a.O., S. 239

10 Stanislav Budín, Jak to vlastně bylo 1-3 [Wie das eigentlich war], maschinenschriftliche Samizdat-Ausgabe, S. 264 und 275

11 Milena Jesenská, »Lidé ny výspě. Z osudů německých emigrantů«, in: »Přítomnost«, 27. Oktober 1937. Deutsch: »Gestrandete Menschen. Vom Schicksal deutscher Emigranten«, in: Milena Jesenská, Alles ist Leben, a.a.O., S. 149

12 ebenda., S. 159

13 Milena Jesenská, »Soudce Lynch v Evropě«, in: »Přítomnost«, 30. März 1938. Deutsch: »Lynchjustiz in Europa«, in: Milena Jesenská, Alles ist Leben, a.a.O., S. 169

14 Milena Jesenská, »O střízlivosti a gestu« [Über Nüchternheit und Geste], in: »Přítomnost«, 29. März 1939

15 Zum ersten Mal wurde dieses Zeugnis publiziert in: Jaroslava Vondráčková, Deset adres Mileny Jesenské [Zehn Adressen Milena Jesenskás], herausgegeben von Marie Jirásková, in: Svědectví 80, Jahrgang 20, Paris 1987, S. 915

16 Zeugnis von Božena Nováková, in: Vondráčková. a.a.O., S. 915

17 Stanislav Budín, »Sbohem Mileno« [Adieu Milena], in: »New Yorské listy«, 9. Juni 1945

18 Ein Reprint der Zeitschrift »V boj« mit der Studie »Historická zpráva o časopisu V boj« [Historischer Bericht über die Zeitschrift »V boj«] von Frantiček Janáček und Bohumil Pekárek ist 1992 vom Historischen Institut der Tschechoslowakischen Armee in Prag herausgegeben worden. Siehe auch die umfangreiche Studie von Jan Gebhart und Jan Kuklík in der Zeitschrift »Hlas revoluce« [Stimme der Revolution], Nr. 14, 22, 25 und 43, Prag 1989

19 siehe zum Beispiel Jan Gebhart, Jaroslav Koutek und Jan Kuklík, Na frontách tajné války [An den Fronten des Geheimkriegs], Prag 1989

20 Arnošt Polavský, V boj [In den Kampf], Třebechovice pod Orebem 1946

21 Brief von Zedtwitz' an die Autorin
22 AMV, 325-75-5
23 AMV, H-676. Ebenso die folgenden Zitate.
24 Milena Jesenská, »Jsem především Češka?« [Bin ich vor allem eine Tschechin?], in: »Přítomnost«, 10. Mai 1939
25 Die folgenden Dokumente stammen aus der Prozeßakte AMV, 141-289-16
26 Jana Černá, Milena Jesenská, a.a.O., S. 151
27 Brief Zedtwitz' an die Autorin
28 Buber-Neumann, a.a.O., S. 310
29 Der Vertrag war zwischen der deutschen und tschechoslowakischen Regierung geschlossen worden und sah die Möglichkeit einer Option für das Deutsche Reich vor (Reichsgesetzblatt II, 1938, S. 897)
30 Erlaß vom 16.3.1939 über die Verfassung des Protektorats Böhmen und Mähren; Verordnung vom 20.4.1939, Reichsgesetzblatt I, S. 815 über den Erwerb der deutschen Staatsangehörigkeit durch frühere tschecho-slowakische Staatsangehörige deutscher Nationalität, im Rundschreiben des Reichsprotektorats Nr. 8 aus dem Jahre 1939
31 Über diese Veränderungen in der Prager Gestapo siehe Oldřich Sládek, Zločinná role gestapa [Die verbrecherische Rolle der Gestapo], Prag 1986
32 AMV, 305-701-3/21,33-34
33 zitiert nach Šolc, a.a.O., S. 46-47
34 siehe Buber-Neumann, a.a.O., S. 236
35 Hana Housková, Handschriftliche Erinnerungen
36 ebenda
37 Buber-Neumann, a.a.O., S. 298
38 Über Dr. Treite hat Marta Marková-Kotyková in ihrem Buch »Mýtus Milena« [Der Mythos Milena], Prag 1993, dem tschechischen Leser viele bisher unbekannte Informationen geliefert.
39 AMV, Z-6-334, auch SÚA, 200-30-18
40 SUA, Fonds MV, sg. A 4605, Zedtwitz J.
41 Staatliches Bezirksarchiv in Cheb (Eger), Fonds J. Zedtwitz (im weiteren SOA, Cheb genannt)
42 ebenda
43 SUA, Fonds Landesbehörde Prag, Abteilung Staatsbürgerschaft, T-3a, Stamm-Nr. 8569/49, Karton 897
44 SOA, Cheb
45 Archiv Joachim von Zedtwitz; sowie SÚA, Fonds Oberstes Verwaltungsgericht, Nr. 902/47, Karton 582
46 Stanislav Budín, »New Yorské listy«, a.a.O.
47 Anna Kvapilová, »Za Milenou Jesenskou« [Nach Milena Jesenská], in: »Svobodné noviny« vom 18. Mai 1946
48 Dagmar Hájková, Božena Holečková, Hana Housková, Vlasta Kladivová, Lída Kružinová, Miroslava Berdychová, Marina Křižová, Jindrich Veselý, Ravensbrück, Prag 1960, S. 154
49 ebenda, 2. Auflage 1963, S. 171
50 In: Franz Kafka aus Prager Sicht, Berlin 1966, S. 69
51 Eduard Goldstücker, »Apropos Milena Jesenská«, in: »Literarní noviny« vom 13. August1966, S. 4

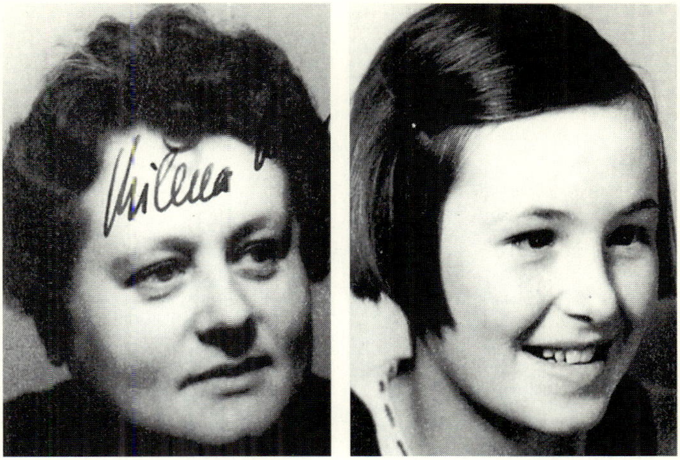

Passbilder von Milena Jesenská und Tochter Honza, 1939

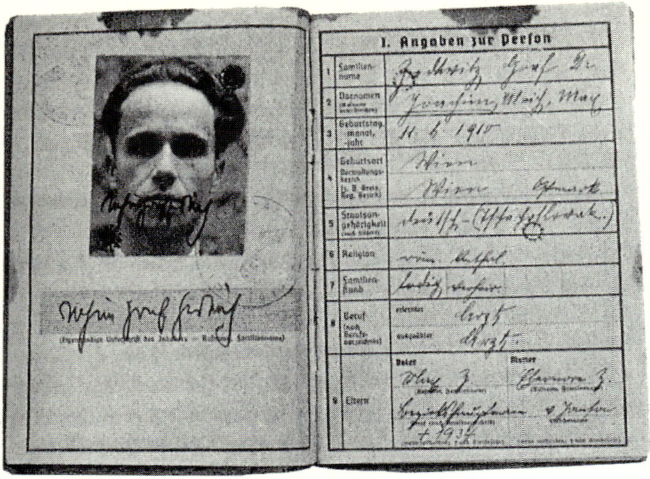

Der Wehrpaß von Joachim von Zedtwitz

Das Fluchtauto (Aero, 2 Cylinder)

Joachim von Zedtwitz auf einem
Protektorats-Ausweis vom August 1939

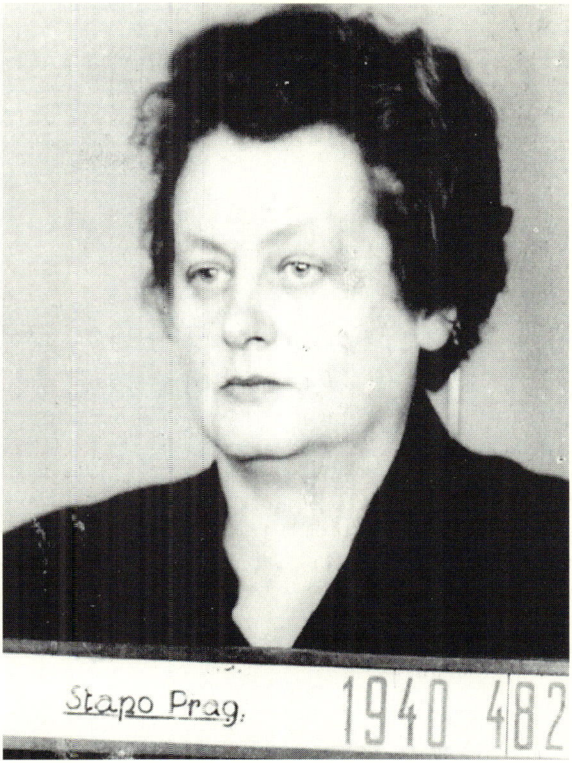

Polizeifoto aus dem Jahr 1940,
das letzte Bild von Milena Jesenská

Jaroslav Nachtmann: Als tschechischer Verkehrspolizist (links), als Agent des deutschen Spionagerings Albatros (rechts)

Als Hauptscharführer in SS-Uniform (links),
nach der Rückkehr aus der UdSSR in Prag (rechts)

Drei Artikel von Milena Jesenská

Von der Kunst stehenzubleiben*

Wenn sich etwas Entscheidendes ereignet, das das Leben aller Menschen verändert und Unsicherheit und damit auch Angst hervorruft, geraten die Menschen in Bewegung. Sie laufen davon. Ich meine das nicht physisch, sondern geistig. Eine derartige Flucht ist um uns herum sehr verbreitet. Menschen, die all die Jahre an etwas geglaubt haben und durch ihren Glauben auch andere leiteten, verlieren den Boden unter den Füßen, den gesunden Menschenverstand und ihr Urteilsvermögen. Wenn sie das Wort »Heimat« aussprechen, denken sie: »Mein Gott, was wird nur aus mir?« und verfallen der vagen Vorstellung, daß sie etwas an sich verändern müßten. Menschen, die von Angst besessen sind, die von Kummer oder Panik befallen werden, von Unsicherheit oder Einsamkeit, setzen sich hastig in Bewegung und treten entweder die Flucht nach vorn an oder weichen überstürzt zurück. Die einen vollführen Gewaltakte und die anderen feige Mätzchen. Die einen spielen sich als Märtyrer auf, obgleich sie

* Der Artikel erschien am 5. April 1939 in der »Přítomnost«, d.h. etwa drei Wochen nach der Okkupation der Tschechoslowakei. Die Zeitschrift unterlag, wie alle legal erscheinenden Publikationen, der deutschen Zensur.

niemand quält, und die anderen fliehen, obwohl sie niemand jagt. Es ist wohl das Wesen der Angst, daß sie niemandem erlaubt stehenzubleiben.

Stehenzubleiben heißt Ruhe zu bewahren, um sich mit dem Unbekannten auseinanderzusetzen. Menschen, die die Flucht nach vorn nehmen, behaupten anschließend: Was bin ich doch für ein vortrefflicher Mensch. Menschen, die zurück flüchten, versichern: Ich bin dazu gezwungen worden. Beide beziehen das gesamte Weltgeschehen auf sich selbst, halten sich für den Mittelpunkt aller Ereignisse und sind davon überzeugt, daß ihre Taten und ihr Handeln das Wichtigste auf der Welt sind; beide vergessen den einzigen Sinn, den der Begriff Nation haben kann: daß sie nämlich nicht allein sind. Sobald man sein eigenes Schicksal von dem der anderen acht Millionen Menschen trennt, verliert man das nationale Empfinden: das tiefe Bewußtsein der Zugehörigkeit zu den acht Millionen. Sobald der Mensch in seinem Bewußtsein aber allein ist, sucht er in seiner Seele nach einem Vorwand, der ihn in Bewegung bringen könnte. Einsamkeit ist wohl der Welt größter Fluch.

Als ich noch ein ganz kleines Mädchen war – das war noch zu Zeiten der Monarchie und die Verhältnisse waren völlig andere als heute, ich möchte nicht, daß man mir vorwirft, mich in Reminiszenzen zu flüchten. Heute stehen die Angehörigen des Großdeutschen Reiches neben uns, und wir Tschechen beobachten – es wird mir wohl niemand verübeln, wenn ich sage, zuweilen mit Sorge –, wie sich unser gegenseitiges Verhältnis weiterentwickelt. Damals war es die Schwüle der österreichischen und tschechischen Spannung und gegenseitiger Feindseligkeit, die in der Luft lag, eine Zeit, die die Wurzeln vieler späterer Unannehmlichkeiten in sich trug.

Als ich also ein kleines Mädchen war, wohnten wir an der Ecke Obstgasse und Graben, und der Wenzelsplatz lag wie auf dem Präsentierteller vor unseren Fenstern. Das war allerdings noch nicht der Graben, wie er heute aussieht, und auch der Wenzelsplatz ähnelte noch nicht dem heutigen. Dort standen kleine, übrigens wunderschöne Häuser aus dem Spätbarock, und das Ganze glich eher einer kleinen Provinzstadt mit einem peinlich saubergehaltenen Platz. Die Spannung zwischen Tschechen und österreichischen Deutschen äußerte sich damals auf unterschiedliche Weise, aber der Sonntagvormittag hatte demonstrativen Charakter: Auf der rechten Seite des Grabens promenierten die deutschen Studenten im Wichs und auf der linken die Tschechen in Zivil. Hier und da gipfelte das in einem Gemenge, in Gesängen oder Unzufriedenheit. Ich sah das, aber eigentlich habe ich es nicht verstanden, bis eines Tages ein Sonntag kam, den ich wahrscheinlich mein Lebtag nicht vergessen werde. Ich sehe alles nur aus der Erinnerung und weiß nicht, warum es so war. Vom Pulverturm marschierten die österreichischen Studenten in ihren bunten Kappen heran, aber nicht mehr auf dem Bürgersteig, sondern mitten auf der Straße. In Reih und Glied geordnet, näherten sie sich singend und mit donnernden Schritten. Plötzlich kam vom Wenzelsplatz eine Gruppe Tschechen, und auch sie benutzten nicht die Gehsteige, sondern bewegten sich ebenfalls in der Mitte der Straße. Sie gingen schweigend. Meine Mutter hielt am Fenster meine Hand, ein bißchen kräftiger, als es nötig gewesen wäre. In der ersten Reihe dieser tschechischen Menschen ging mein Vater. Ich erkannte ihn vom Fenster aus und hatte große

Freude daran, aber meine Mutter war weiß wie die Wand und freute sich offensichtlich gar nicht. Dann ging es Schlag auf Schlag: Aus der Bergmannsgasse stürzte auf einmal ein Trupp Polizisten hervor und blieb zwischen den beiden Lagern stehen. Der Graben war für beide Seiten gesperrt. Aber beide Seiten gingen immer weiter aufeinander zu. Immer weiter. Bis die Tschechen zu dem Kordon von Polizisten vorgestoßen waren und aufgefordert wurden stehenzubleiben. Sie wurden noch einmal aufgefordert. Und dann ein drittes Mal. Ich weiß nicht mehr, was dann passierte, erinnere mich nur, daß einige Schüsse fielen, sich der ganze Haufen tschechischer Menschen von einem ruhigen in einen schreienden verwandelte, daß der Graben auf einmal wie leergefegt war, aber ein einziger Mensch vor den Gewehren stehenblieb – mein Vater. Ich erinnere mich ganz deutlich, wie er dastand. Ruhig, die Arme senkrecht am Körper. Neben ihm lag etwas ungeheuer Merkwürdiges auf dem Boden – ich weiß nicht, ob Sie schon einmal gesehen haben, wie ein verwundeter Mensch aussieht, wenn er nach einem Schuß zusammensinkt. Er hat nichts Menschliches an sich; er sieht aus wie ein weggeworfener Lappen. Es dauerte etwa eine Minute, daß mein Vater so dastand – meiner Mutter und mir kam es wie eine Ewigkeit vor. Dann bückte er sich und fing an, dieses menschliche Bündel zu verbinden, das da neben ihm auf dem Pflaster lag. Meine Mutter hatte die Augen halb geschlossen, und über das Gesicht liefen ihr zwei dicke Tränen. Ich erinnere mich, daß sie mich so in den Arm nahm, als ob sie mich erdrükken wollte. Damals wußte ich nicht, was das zu bedeuten hatte. Ich spürte nur eine große Spannung, eine unerträgliche Spannung und Mutters Aufregung.

Später, nachdem ich bereits mehrere Male gesehen hatte, wie tschechische Polizei in tschechische Arbeiterkolonnen geschossen hatte, nachdem ich von Slowaken gelesen hatte, die von tschechischen Gendarmen verwundet worden waren, als mir bewußt geworden war, wie schwer es ist, nicht wegzulaufen, wenn alle weglaufen, und wie unendlich schwer es ist, *stehenzubleiben,* wenn etwas geschieht, später habe ich erst verstanden, wie wertvoll es ist – stehenbleiben zu können.

Dann habe ich noch einmal etwas Ähnliches gesehen, allerdings unter völlig anderen Umständen. Es war während des Krieges im Theater. Damals hatten die Tschechen mit staatlicher Unabhängigkeit noch nichts im Sinn, nichts dergleichen tat sich. Nur das Tschechentum steckte ihnen im Herzen wie der Dorn einer Malvenrose aus einem böhmischen Garten. Auf der Bühne wurde Tyls »Fidlovačka«[1] gespielt, eine ziemlich naive, altertümliche und wenig amüsante Angelegenheit. Aber dann sangen sie auf einmal »Kde domov můj«[2] – nicht die Nationalhymne, nein, damals war es noch ein böhmisches Volkslied. Plötzlich stand vor mir jemand auf. Irgendein Herr, still und leise, die Arme senkrecht am Körper. Ich weiß nicht, was er damit sagen wollte, es war so eine Art Ehrenbezeigung dem böhmischen Lied gegenüber. Einen Augenblick später stand ein zweiter auf. Dann mehrere. Und schließlich standen wir alle. Und sangen. Das Lied wurde damals einige Male gespielt, so innig und warm wie ein Gebet.

1 »Fidlovačka aneb žádný hněv a žádná rvačka« – »Das Frühlingsfest oder Kein Ärger und keine Rauferei«, Posse mit Gesang und Tanz in vier Aufzügen von Josef Kajetán Tyl (1808-1856), Musik von František Škroup. (A. d. Ü.)

2 Im letzten Aufzug der »Fidlovačka« singt ein blinder Geiger das Lied »Kde domov můj?« – »Wo ist meine Heimat?«, das später zur tschechischen Nationalhymne wurde. (A. d. Ü.)

»Kde domov můj« war nämlich kein Lied *gegen* jemanden, sondern *für* etwas. Es wünschte niemandes Untergang, sondern unser Fortbestehen. Es ist kein Kampflied, sondern ein Lied unserer tschechischen Heimat, diesen Landes ohne pathetische Landschaft, eines Landes der Hügel und Hänge, Wiesen und Felder, Birken und dichtbelaubter Linden, eines Landes duftender Feldraine zwischen Äckern und stillen Bächen – des Landes, in dem wir zu Hause sind. Es war schön, unter ihnen zu stehen, weil es immer schön ist, seine Heimat zu lieben. Mir wurde damals bewußt, daß aufzustehen würdig, ehrenhaft und aufrichtig sein kann.
Wir sind und waren niemals in der Situation, uns *gegen* jemanden zu stellen. Wenn wir das aber aus jugendlichem Leichtsinn heraus täten, würden wir klar und deutlich sehen, daß das keine Früchte trüge. Wir sind auch nicht in einer Situation, in der wir guten Gewissens und ruhigen Herzens aller Welt Glauben schenken könnten. Wenn wir das in unserer jugendlichen Unerfahrenheit täten, würden wir klar und deutlich sehen, wie wenig dazugehört, daß große Staaten mit winkender Hand ihr Wort brechen, das sie dem kleinen Staat gegeben haben – dieselben Staaten, die heute so voller Entrüstung über das »Unrecht, das den kleinen Staaten widerfährt«, sprechen. Weder in unseren Herzen noch in unserem Charakter ist Haß gegen jemanden gewachsen, dafür aber eine große Liebe für das, was tschechisch ist.

Das ganze vergangene Jahr hat uns eine Sache gelehrt: Es ist erforderlich, stehenbleiben zu können – erhobenen Hauptes und mit inniger Liebe im Herzen, in tiefer Würde, Offenheit und Ehrlichkeit gegenüber allem, was tschechisch ist. Kein Volk auf der Welt ist unversehrt geblieben, wenn es nicht den Mut hatte, sich zu seiner Liebe zur

Nation zu bekennen: aufrecht und ehrlich. Noch nie hat ein Volk eine Zukunft gehabt, wenn es nicht bereit war, für seine Gesinnung einzustehen.

Es geht uns alle an*

Mit dem 15. März hat der tschechische Journalist eine neue Aufgabe zugewiesen bekommen, die seiner alten wenig ähnelt. War es früher verdienstvoll, sich interessante Themen auszusuchen, die sich auf das Weltgeschehen bezogen, und diese dann gewissenhaft und mit den allergründlichsten Informationen zu verarbeiten, so hat sich dieser weiträumige Gesichtskreis verengt, in dem gleichen Maße wie sich unsere Landesgrenzen verkleinerten, um an geistiger Tiefe zu gewinnen. Dem tschechischen Journalisten steht das lebendige tschechische Wort zur Verfügung und ein Stück weißes Papier, das er vor sich liegen hat. Wenn der tschechische Berichterstatter noch vor einem Jahr einem Soldaten mehr oder weniger als Zivilist gegenübertrat, so hat sich dieses Verhältnis jetzt grundlegend geändert. Denn das weiße Blatt Papier und die tschechische Sprache sind das Material, mit dem unsere Generation um die weitere Entfaltung und Bewußtwerdung unseres Volkes kämpfen wird. Im Wirbel der politischen Umwälzungen und der Entstehung neuer politischer Werte stand und steht der tschechische Journalist als einziger

* »Přítomnost«, 14. Juni 1939

Mittler zwischen den Ereignissen und dem Volk, als alleiniger Sprecher und Schöpfer des lebendigen Ausdrucks der Worte. Es gibt niemanden unter uns, der sich dieser Aufgabe nicht bewußt wäre, niemanden, der nicht erfaßt hätte, daß Journalist zu sein, heute eine Ehre, eine Auszeichnung, Würde und besondere Wertschätzung bedeutet. Und das gerade deshalb, weil sich das ganze Volk erneut erhabeneren und verinnerlichteren geistigen Arbeiten zuwendet. Nämlich zur Bedeutung der ursprünglichen nationalen Quellen und dazu, was uns als reinster Ausdruck unseres Nationalcharakters verblieben ist: zu unserem tschechischen geschriebenen und gesprochenen Wort.

Wir haben uns nicht gegenseitig abgesprochen, und dennoch erlaube ich mir, »wir« zu sagen. Selbst wenn es nicht jeder einzelne unterschreiben würde, *weiß* ich doch ganz genau und klar, daß wir diese Tatsache alle gleich empfinden. In der heutigen Situation kann man gar nicht anders fühlen. Wer von uns anders fühlte, der ließ schon längst sein Handwerk im Stich und das weiße Blatt Papier unbeschrieben. Wir, die wir übrigblieben, nahmen den eindeutig erteilten Auftrag an, auf gesetzlich und vertraglich geregelter Grundlage nationaler Autonomie und Eigenständigkeit das Volk zu neuem Leben, neuer Hoffnung und neuen Aufgaben zu erziehen. Es bestand für uns kein Anlaß, etwas zwischen den Zeilen zu sagen: Alles, was gesagt werden muß, wurde offen gesagt. Weder haben die Deutschen verlangt, wir sollten aufhören, unser Volk zu lieben und uns zu dieser Liebe zu bekennen, noch haben wir Tschechen uns gewünscht, diese Liebe geheimzuhalten. Es war ein klar vorgezeichneter Weg, und wir haben ihn offen sichtbar eingeschlagen. Ohne Zeit mit überflüssigen Überlegungen zu verlieren, ob uns irgendwelche

Auswege bleiben. Ja, ein wenig verschmähten wir sogar die Möglichkeit, uns herauszuwinden.

Zwischen Tschechen und Deutschen bestand schon in früheren Zeiten ein offensichtlicher Mangel an gegenseitiger Liebe. Dieser Mangel an Liebe ist das Produkt vieler Jahrhunderte und ist auf die Tatsache zurückzuführen, daß wir als kleines Volk stets an ein großes angrenzten. Diesen Mangel an Zuneigung sollte man nicht etwa zwischen den Zeilen aufzubauschen versuchen. Im Gegenteil, man sollte offen darüber berichten, zu dämpfen versuchen, korrigierend eingreifen, taktvoll und feinfühlig auf Ausgleich bedacht wirken. Dies ist eine enorme und sehr dringliche Aufgabe. Demjenigen tschechischen Zeitungsreporter, der diesen historischen Auftrag übernommen hat, widerfährt es häufig, daß er mit einer Postsendung gleich zwei Nachrichten erhält: Zum einen erfährt er von den Ansichten eines unzufriedenen tschechischen Lesers, der sich wünscht, der Journalist möge sich mit einer Axt bewaffnen und damit im luftleeren Raum herumfuchteln, treffe es, wen es wolle, denn er ist nicht einverstanden mit der schwierigen Aufgabe, positive Beziehungen aufzubauen, die der Journalist auf seine Schultern geladen hat. Zum anderen empfängt er die Äußerungen des unzufriedenen deutschen Lesers, der unter einer positiven Hinwendung zum eigenen Volk die Aufforderung versteht, das andere Volk zu hassen. Ich spreche sicher im Namen aller Journalisten, wenn ich sage, daß wir oft zu Tode ermüdet, ausgelaugt und überspült von Wellen des Mißverstehens vor unserem leeren Blatt Papier sitzen, noch ehe wir den Ansatz gemacht haben, unsere Gedanken klar zu formulieren.

Diese Anschuldigungen gehen uns jedoch alle an. Wir alle, die wir heute, was auch immer und wann auch immer, *tschechisch* schreiben, müssen uns angesprochen fühlen. Alle, wie wir hier sind, haben uns an die Seite der Menschen gestellt, die sich nach langen Monaten der Umwälzungen und Rückschläge endlich Arbeit und Ruhe wünschen; weder zwischen noch in den Zeilen fiel je ein einziges Wort, das als Aufruf zu irgendwelchen Hinterhältigkeiten zu verstehen gewesen wäre. Niemand von uns wollte etwas anderes, als an seinem Platz seine Pflicht zu tun, das heißt, das Volk zu lehren, einig zu sein, sein Nationalbewußtsein zu vertiefen, die geistige Arbeit zu verdoppeln. In der klaren Einschätzung der neuen Verhältnisse haben wir uns bemüht, im Volk ein ebenso klares Bewußtsein der neuen Lage zu wecken. Wir müssen mit den Deutschen leben, müssen einen Weg finden, wie wir uns mit ihnen einigen, und dürfen dabei nicht zulassen, daß unser Begriff von nationaler Ehre verflacht. Wir stehen neben den Deutschen als Gleiche neben Gleichen, was das Kulturniveau, das handwerkliche Können, die Fähigkeiten, den Fleiß und die persönliche Ehrlichkeit anbetrifft.

Dieses Bewußtsein der Gleichwertigkeit – die man uns nicht abspricht – dürfen wir nicht verlieren, weder aus Bequemlichkeit noch aus Depression oder Erschöpfung. In den verschiedensten Abwandlungen haben wir stets das gleiche gesagt und werden es auch weiter so halten. Niemand hat es je geflüstert. Alle haben es laut ausgesprochen. Niemand hat auch nur mit der leisesten Andeutung verlautbaren lassen: Lauert den Deutschen im Hinterhalt auf. Jeder von uns hat im Gegenteil offen gesagt: Jedwede Hinterhältigkeit von einzelnen, jedwede Unehrlichkeit bei der uns anvertrauten Arbeit, jedwede Disziplinlosigkeit, auch eine rein persönliche, kann das Verderben des ganzen Volkes sein. Jeder von uns hat laut und deutlich ausgesprochen: Liebt die Ausdauer, schätzt offenen Mut und Tapferkeit, wenn sie vonnöten sind, fürchtet euch nicht, denn dazu besteht kein Anlaß, und sagt die Wahrheit.

Die Beschuldigungen, die pauschal gegen die tschechischen Journalisten vorgebracht wurden, sind schwerwiegend. Sie wiegen um so schwerer, da sie so pauschal sind.

Ich will die tschechischen Journalisten nicht verteidigen. Ihre Worte und ihre Arbeit sprechen für sich. Die gesamte tschechische Presse hat diesen Anschuldigungen entschieden widersprochen. Es sei mir lediglich gestattet, das zu wiederholen, was ich schon mehrfach gesagt habe: Wir sind ein erwachsenes Volk mit europäischem Kulturniveau, und jeder einzelne von uns ist ein denkender Mensch. Die Spannungen zwischen Tschechen und Deutschen müssen sich beruhigen und nachlassen. Man sollte jedoch keine Liebe von dem Volk erwarten, das sich wie nach einer schweren Krankheit fühlt, wenn man es zudem grundlos ob seiner spürbaren und angestrengten Bemühungen verdächtigt. Die tschechischen Journalisten sind weder Wegelagerer noch Duckmäuser. Gereiztheit erschwert nur unsere gemeinsame Arbeit, und es ist an der Zeit, daß sich die deutsche Presse bewußt wird, daß sie zu einem fremden Volk gekommen ist, daß sie Wege des gegenseitigen Einvernehmens und der gegenseitigen Ergänzung suchen muß, und dies mit Ruhe und allergrößtem Takt, wenn wir hier nicht in beiderseitiger Unzufriedenheit miteinander leben wollen.

Es liegt in dem allergrößten Interesse von uns Tschechen, daß wir endlich in Ruhe leben und unserer Arbeit nachgehen können.

An die tschechischen Frauen![*]

Wir können nicht beurteilen, ob irgendein Kreuz, das das Schicksal bereits auf die Schultern unseres Volkes geladen hat, so schwer war wie das unsere – derjenigen Tschechen, die den unglückseligen September 1938 und den 15. März 1939 überlebt haben und überleben mußten. Schwerste Gewalt wurde an einem Volk von acht Millionen Tschechen verübt – nur deshalb, weil sich achtzig Millionen Deutsche vor ihm fürchteten! Was für billige Ausreden, die jeder einfache Tscheche zu durchschauen vermochte, folgten dieser »Geste«, die Schutz genannt wurde! Heute wissen wir alle, wie sich Deutschland diesen Schutz vorstellt: uns wirtschaftlich ausbeuten, moralisch brechen, germanisieren. Wir sollen die zweiten Lausitzer Sorben werden, deren Ruinen unwiederbringlich im deutschen Meer verschwinden. Aber schon Bismarck hielt die Tschechen für eine Nuß, an der man sich die Zähne ausbeißen kann. Hitler hält sich für weiser. Nun, meinetwegen, wenn es ihm um jeden Preis darauf ankommt, so soll er sich die Zähne daran ausbeißen. Wir setzen uns alle dafür ein – Männer wie Frauen.

* Dieser Artikel erschien anonym im August 1939 in der Untergrundzeitung »V boj«.

Ja – F r a u e n! Wir haben heute keine leichte Aufgabe. In unseren Händen liegen nicht nur die materiellen Sorgen, was und wie wir kochen sollen, wenn langsam, aber sicher Butter und Fleisch vom Markt verschwinden und die Lebensmittel allgemein im Preis steigen. Wenn wir hier um uns herum die Stimmen hören, die das deutsche Regime verherrlichen, und die Herren aus dem Reich, die mit Wirtschaftstaktik blenden – und dann die Begeisterung darüber, was für eine großzügige Auffassung die Deutschen von der sozialen Hilfe für die Armen haben! Denn unsere Pflicht, Frauen, ist es, diese naiven Vorstellungen unter den Frauen in richtige Bahnen zu lenken.

Ja, die Deutschen sind mit einem bayrischen Hilfszug feierlich in Prag und allen anderen Städten der ehemaligen Tschechoslowakei eingezogen, sie haben Mengen von Gulasch und Suppen gekocht, Leber- und Blutwürste hergestellt und sie unter gebührender Assistenz von Fotoapparaten und Filmkameras an die Armen dieser Städte verteilt, damit auch sie einen ordentlichen Bissen hatten – alles aus Propaganda! Damit sie sagen konnten: »Sieh da, was ist das für eine Not in diesem kommunistischen Nest, das schon auf dem Weg war, ein zweites Spanien zu werden, und nur dank unseres aufopferungsvollen Eingreifens gerettet worden ist!« So reden die Deutschen in ihrer Propaganda, dieselben Deutschen, deren Brüder in diesem »heruntergekommenen« Prag – mitten in einem Land, das ohne Deutschland in wenigen Wochen wirtschaftlich zusammengebrochen wäre – in den Konditoreien sechsmal hintereinander eine große Portion Schlagsahne bestellten. Denn sie hatten, die Armen, gute sechs Jahre keine mehr gesehen.

Ihr alle, tschechische Frauen, die ihr unter euren naiven Bekannten irgendeine derartige Stimme hört, antwortet sachlich und der Wahrheit gemäß: »Ja, die Deutschen haben gegeben, aber aus fremdem Eigentum. Denn für diesen Hilfszug aus Bayern, für diese soziale Tat, die den tschechischen Armen im Namen der deutschen Beschützer so großzügig zuteil wurde – bekam nun zum Beispiel die Stadt Prag die Rechnung: acht Millionen Kronen, die sie bis auf den letzten Heller zahlen muß! So also sieht diese deutsche Wohltätigkeit aus!« Das ist ein Beispiel deutscher Wohltätigkeit, an das sich alles andere reihen läßt, was Deutschland unter großer Propaganda in der ehemaligen Tschechoslowakei an »Gutem und Erfolgreichem« unternommen hat. Ein Beispiel:

Aus deutscher Initiative wurden unseren Arbeitern die Löhne erhöht, wurde eine Teuerungszulage ausbezahlt, und die Löhne wurden durchschnittlich um 10 bis 15% angehoben. Waren die Arbeiterfrauen nicht begeistert darüber, daß das gerechte Deutschland die sozialen Bedürfnisse der Arbeiterschaft versteht? Sprüht ein bißchen kalte Dusche auf eure Begeisterung: Die Löhne wurden zwar um 15% erhöht, aber das Rindfleisch verteuerte sich zum Beispiel um 40%. Also zahlt die verblendete Arbeiterfrau, aufgrund deutscher Wohltätigkeit, für nur ein Kilo Rinderfetzen 25% drauf! Wer also macht wem Geschenke? Ferner wurde viel Geschrei um die Gehaltserhöhungen der Angestellten gemacht beziehungsweise den »Abbau der Gehaltsabzüge um 50%«. Falls ihr zufällig Bekannte unter den staatlichen Angestellten habt, die euch das vorrechnen, mache ich euch darauf aufmerksam, daß diese Erhöhung monatlich 10 bis 30 Kronen ausmacht. Das ist natürlich eine »königliche Erhöhung«! Das Regime hat damit große Propaganda gemacht, aber nur bei den Leuten, die sich mit dem Lesen der Nachricht begnügt haben und sich nicht fragen, was daran wahr ist, und nicht von Fall zu Fall einen Stift zur Hand nehmen und nachrechnen. Ja, sie haben euch einmal Gulaschsuppe gegeben, und jetzt bekommt ihr dafür: keine Butter (man wird abspecken), ferner wird sich die Milch verteuern, es wird keinen Kaffee geben, keinen Kakao, Tee, ihr werdet nach deutschen Plänen und Vorschriften leben und selbst daran ungemein sparen müssen, was man bei uns seit Menschengedenken als »Armenbrot« bezeichnet hat – an Kartoffeln! In den Zeitungen tauchen schon Artikel auf, daß es zu diesem und jenem nicht nötig sei, natürliche Produkte zu verwenden, sondern daß Ersatzstoffe die gleiche Aufgabe erfüllten. Wißt ihr, Frauen, was für eine schreckliche Sünde ihr damit an eurem Organismus begeht, an den gesunden Mitgliedern eurer Familie, besonders an euren Kindern? Niemals wird selbst das noch so gute chemisch hergestellte Surrogat das natürliche Fett, den natürlichen Zucker etc. in vollem Umfang ersetzen können. Bereitet euch darauf vor, daß ihr auch bei uns von ärztlichen Kapazitäten unterschriebene Artikel lesen werdet – wie es in Deutschland schon lange der Fall ist –, daß Butter eigentlich sehr schädlich für die Gesundheit sei. Ihr werdet beobachten, wie eure Kinder blaß im Gesicht werden, weil ein Ersatzstoff die Gesundheit niemals verbessert, sondern das Gegenteil bewirkt. Und die Deutschen werden ihre Freude daran haben, denn ihre einzige Sehnsucht besteht darin, diese lästerliche tschechische Rasse auszurotten, die ihnen so viel Widerstand leistet, die so viel aufrührerischen Geist besitzt und die ihnen schon seit Urzeiten so viel Blut aus den Adern saugt und Herrn Hitler ganz besonders!

Frauen, bereitet euch auf steigenden Mangel und Verteuerung vor. Gebt euch nicht dem Optimismus hin, der da sagt: Es wird von allem genug geben! Ja – Hunger und Not wird es geben, so wie in Deutschland. Macht euch darauf gefaßt, so daß ihr nicht überrascht seid, wenn es euch eines Tages wie den Hausfrauen im Reich geht, denen freilich – jedenfalls der Propaganda nach zu urteilen – zum Sattwerden ein Blick auf die rote Hakenkreuzfahne genügt. Und macht euch dabei immer wieder klar, daß uns das alles der reichsdeutsche Schutz beschert hat!

Denkt daran, was euch die Leute vom Land erzählen: Gedroschen werden darf nur unter reichsdeutscher Aufsicht. Die erste Fuhre geht nach Deutschland. Die Frühkartoffeln und überhaupt alle Feldfrüchte, die der tschechische Bauer erntet, gehen in erster Linie nach Deutschland. Laßt euch nicht einreden, daß der Buttermangel durch Maul- und Klauenseuche verursacht wurde. Diese Krankheit hat sich in letzter Zeit fast alljährlich wiederholt, und trotzdem hat es Butter gegeben! Wir müssen über die Behauptung der Herren aus dem Reich lachen, die vorbildliche Artikel darüber schreiben, warum im Reich eigentlich Mangel herrscht! Deshalb, weil alle Deutschen die Möglichkeit haben, Lebensmittel zu kaufen! Deshalb, weil alle einen Haufen Geld verdienen und folglich für alles genug haben. In Österreich und der Tschechoslowakei gab es angeblich deshalb von allem genug, weil es dort Hunderttausende von Arbeitslosen gab und die Menschen kein Geld für den Kauf von Lebensmitteln hatten. Deshalb hat sich die Ware angehäuft, deshalb kam es zu einem Überschuß. Klingt das nicht wie eine schlechte Anekdote aus den »Lustigen Blättern«? Meint die Frau aus dem Reich, daß ein einziger

Österreicher, ein einziger Tschechoslowake daran glaubt? Es würde uns interessieren, wieviele Leute aus dem Reich noch daran glauben!! Ihr lest zwar heute und tagtäglich in den gleichgeschalteten Zeitungen, daß das Preiskontrollamt eine starke Verteuerung von Lebensmitteln und eine Preiserhöhung nicht gestattet. Solange es möglich ist, wird es nicht erlaubt, das stimmt – aber warum? Ach, sie tun es nicht für dich, meine liebe böhmische und mährische Hausfrau, sondern allein für sich selbst – damit sie hier so billig wie möglich einkaufen können! Es ist ein Plan für eine Zollunion mit Deutschland ausgearbeitet worden. Das bedeutet: Es wird keine Zollgebühr für Ein- und Ausfuhr mehr geben. Was sollten die Bürger des Protektorats einführen? Fotoapparate, Brillen, Operngläser?? Dafür haben die Deutschen bis Weihnachten wahrscheinlich immer noch etwas zu exportieren. Deshalb ist diese Zollunion auch nur bis Weihnachten vorgesehen. Danach wird sie aufgehoben, damit den vielleicht hungernden Tschechinnen und Tschechen nicht etwa einfällt, für das Mehl, das im Namen der Protektoren aus Böhmen und Mähren exportiert wurde, nach Deutschland zu fahren!

Die Germanisierung

Gebt auch auf folgendes acht, ihr böhmischen und mährischen Frauen: Die Reichsämter verbieten heuer aus nicht genannten oder vorgetäuschten Gründen Erholungsheime, Sommerlager und Rehabilitierungszentren für tschechische Kinder. Hunderte von Kindern aus sozial schwachen Familien warten jedes Jahr darauf. Natürlich – den Reichsämtern ist die Hitlerjugend verständlicherweise lieber. Kurzerhand wurde verfügt, aus dem Vermögen der Gemeinde Prag 300 000 Kronen bereitzustellen, damit die jungen hoffnungsvollen Nazis in die Alpen und an die Nordsee fahren können! Die deutschen Kinder machen Luxusausflüge – und die tschechischen? Ja, die tschechischen Kinder werden in Prag und auch in anderen Städten wahrscheinlich mal am Vormittag, mal am Nachmittag Unterricht haben, weil es nicht genügend Schulgebäude geben wird. Die deutschen Kinder werden sich in den ehemals tschechischen Schulen breit machen. Der tschechische Arbeiter erhält einen höheren Lohn, wenn er seine Kinder auf eine deutsche Schule schickt. Es werden auch Belohnungen (bis zu 600 Kronen) versprochen, wenn tschechische Familien ihre Kinder in eine deutsche Schule gehen lassen. Gleichzeitig ist vorgeschrieben, daß in einer Klasse nicht mehr als 45 Kinder sein dürfen.

Habt ihr vielleicht gedacht, daß das aus Rücksicht auf die Gesundheit eurer Kinder geschieht? Zu ihrem Vorteil? Laßt euch nicht täuschen, das ist nur eine falsche Fährte, auf die die biederen tschechischen Mütter und die vertrauensseligen tschechischen Väter geführt werden sollen, um dann leichter sagen zu können: »Sieh mal an, in den tschechischen Schulen lernen eure Kinder nichts, weil dort zu viele Schüler in einer Klasse sind. Wenn ihr sie aber in eine deutsche Schule schickt, werden sie weit intensiver unterrichtet, unter weitaus besseren gesundheitlichen Bedingungen...« Man nennt das auch Germanisierung, wenn ihr das so nicht verstehen wollt. Die Deutschen eröffnen dann natürlich mit großem Trara dort neue deutsche Schulen, wo es vorher überhaupt keine gab. Das alles ist eure Sache, Frauen. In euren Händen liegt es, ob unsere Kinder als Tschechen oder als Verdeutschte, als Patrioten oder als Renegaten aufwachsen.

Es ist interessant zu beobachten, wie gewaltsam bei uns die Voraussetzungen dafür geschaffen werden, daß das Protektorat wirklich deutsch wird: In Massen ziehen Reichsoffiziere auch mit ihren Familien zu uns, auf alle »verarischten« Stellen und in arisierte Betriebe kommen Reichsdeutsche, um hier das große Geld für ihre Funktion zu beziehen. Ihr habt sicherlich die Inserate bemerkt, die dazu aufgefordert haben, freie 2- bis 7-Zimmer-Wohnungen für die Offiziers-Zuwanderer zu melden? Vor dem September 1938 gab es bei uns ja eine Menge Henlein-Anhänger, die nur ein Ideal hatten – ins Reich zu kommen. Habt ihr sie dorthin ausreisen sehen? Keineswegs. Sie sind also hiergeblieben, sogar auf den Stellen, die sie inne hatten – sie sind nicht aufgestiegen. Die Preußen – die Reichsdeutschen – wurden ihnen vorgesetzt.

Brünn ist für deutsch erklärt worden, aber mit den kläglichen Prozentzahlen stimmt das nicht überein. Um diese Ungereimtheit zu kaschieren, wird das also anders geregelt: Der Bezirk Brünn wird aufgelöst, die tschechischen Vororte und Gemeinden werden abgetrennt, es bleiben nur die Teile, in denen mehrheitlich Deutschen wohnen, und siehe da – die deutsche Propaganda bekommt das, was sie braucht: ein deutsches Brünn!

Dabei dürfen wir nicht vergessen, daß der Führer und Reichskanzler Adolf Hitler (dieser offizielle Titel wurde allen tschechischen Zeitungen und Zeitschriften aufgezwungen – er muß immer in vollem Wortlaut genannt werden. Zeitschriften, die ein Rückgrat haben, meiden diese fünf Wörter überhaupt) uns kulturelle Autonomie garantiert hat – das heißt unsere Sprache und unser Schulwesen. Wie es allerdings mit dieser Respektierung des Tschechentums aussieht, zeigt ein Vorfall, der zum

Lachen wäre, wenn er nicht gleichzeitig so traurig wäre: Er ereignete sich in Kopřivnice. Wie ihr wißt, war da das Tatra-Werk, in dem eine Menge tschechischer Angestellter beschäftigt waren. Nach der Okkupation flohen die Tschechen. Auf die dringenden Appelle hin »Tschechen, kehrt auf eure Arbeitsplätze zurück«, kehrten sie zurück und optierten. Um die Optierungs-Aktion wurde es still – sie liegt in der untersten Schublade des Herrn Protektors. Die Tschechen blieben dort, arbeiteten und warteten. Eines Tages bekamen diese Angestellten die Aufforderung, sich zur Musterung einzufinden. Sie protestierten, daß sie keine Deutschen seien. Ihren Einwänden wurde aber nicht stattgegeben, sie wurden gemustert, und selbst diejenigen, die unter der Tschechoslowakei nicht gedient hatten, wurden für »tauglich für alle Waffen« erklärt. Nach der Untersuchung brachte man sie zu der Stelle, die die Personalien aufnahm. In der Rubrik Nationalität stand »tschechisch«. Weil jedoch die Mehrheit von ihnen, wie auch ihre Eltern und Großeltern, der Herkunft nach aus der Gegend stammte, die heute plötzlich im »Sudetenland« liegt (darin drückt sich auch eine typische Vergewaltigung der Geschichte und Geographie von seiten Deutschlands aus. Es überrascht uns nicht, daß sie aus Karl IV. einen Deutschen gemacht haben, daß sie in den Schulen erzählen, daß Fürst Václav der erste deutsche Fürst auf böhmischem Thron war und ähnliche Eselsweisheiten, aber daß in Nordböhmen alles Sudeten genannt wird, was man der Tschechoslowakei genommen hat, ist himmelschreiendes Analphabetentum. Wo ist Herr Dr. Goebbels zu seinem Doktordiplom gekommen? Er empfiehlt England permanent, die Karte Mitteleuropas zu studieren. Ich glaube, daß in erster Linie er das tun sollte, damit er feststellt, was die

SUDETEN eigentlich sind – und daß es rechtmäßig nur möglich ist, ihn darauf zu verweisen und ihm das Altvatergebirge, Schlesien, Südböhmen, den Böhmerwald, das Thaya-Gebiet und Südmähren abzusprechen, das er in seiner Rückständigkeit ebenfalls Sudetenland nennt!), weil sie also aus annektiertem Gebiet stammen – wiederum muß ich korrigieren: Laut Zensurvorschrift darf man nur »abgetretenes« Gebiet sagen –, sind sie kurzerhand für Deutsche erklärt worden, ob sie sich so fühlen oder nicht. Dann kam eine Rubrik »Welche Fremdsprachen beherrschen Sie?« Ein Tscheche – ein frischgebackener reichsdeutscher Soldat, tauglich für alle Waffen – erklärte schüchtern »Ein bißchen Deutsch«, ein anderer, daß er neben dem Tschechischen überhaupt keine andere Sprache beherrsche. Der Diensthabende wandte ein: »Ich kann Ihnen als reichsdeutschem Soldaten doch nicht reinschreiben, daß sie als Fremdsprache Deutsch beherrschen!« Dann blieb ihm aber nichts anderes übrig. Die ganze Gegend lacht jetzt – sogar die Deutschen selbst und zeigen mit dem Finger auf die deutschen Soldaten, »die nicht einmal deutsch können«!

Kehren wir aber zu den Aufgaben der Frau zurück: Ich werde euch als Einleitung eine Geschichte erzählen, die sich wirklich ereignet hat. Es war in Schwarzenberg, das sich für seine Freiheit gegen die österreichisch-monarchistischen Gewalttäter tapfer geschlagen hatte. Nachdem die Schlacht vorüber war – nahmen die schweigsamen, finsteren Männer ihre Messer und Gewehre und gingen in jene Häuser, in denen Frauen oder Mädchen wohnten, die sich deutschen Soldaten hingegeben hatten. Wortlos töteten sie sie. Niemand hat diese Frauen beschützt, niemand ist für sie eingetreten. Sie wurden aus dem Kreise derjenigen ausgeschlossen, die sich Schwarzenberger nannten. Für sie gab es nur den Tod.

Und was ist mit unseren Frauen? Was mit unseren Mädchen? Ich sitze in einem Unterhaltungsetablissement in Prag. Selbstverständlich überall dieselbe deutsche Uniform, Absätze knallen, Hände fahren in die Luft. Die »schön gewachsenen«, feschen deutschen Kerls verbeugen sich vor den tschechischen Mädchen, und diese Mädchen gehen mit ihnen tanzen! Das Herz erstarrt mir vor Scham, Wut und Erniedrigung. Tschechische Mädchen, habt ihr denn nicht einen Funken Stolz im Leib? Würdet ihr euch mit einem Mann vergnügen, der euren Vater, eure Mutter beleidigt – wenn er Tscheche wäre? Nein, ihr geht ihm aus dem Weg, sprecht nicht mit ihm. Aber mit Angehörigen dieses Volkes, das uns so erniedrigt hat, wie ein Mensch nur erniedrigt werden kann, das uns die Freiheit genommen hat, die Gedankenfreiheit, unsere teure Heimat, das uns bei jedem Schritt bestiehlt und dabei nur Verachtung für uns hat. Mit Angehörigen dieses Volkes tanzt ihr und geht sogar mit ihnen? *Jeder Tscheche und jede Tschechin, die weiß, was Nationalstolz und -ehre sind, muß vor euch ausspucken. Eltern, wenn ihr eine so schlechte Tochter, Brüder, wenn ihr eine so schlechte Schwester, Mädchen, wenn ihr eine so schlechte Freundin oder Bekannte habt, meidet sie wie die Pest, macht ihr klar, daß sie für euch ein räudiges Schaf ist.* Und ihr, Mädchen, die ihr es vielleicht aus Dummheit, vielleicht aus Unwissenheit, vielleicht aus Angst zugelassen habt, daß euch beim Tanz der Arm eines deutschen Soldaten oder irgendeines anderen Hakenkreuzlers umschlang, merkt euch: Hört auf, Weibchen zu sein, die bei einer männlichen Berührung erzittern, denen eine Uniform imponiert, egal, wer sie trägt. Erinnert euch an all diese Schimpfwörter, Verleumdungen, Grobheiten und das Geschelte, mit dem die Deutschen alle tschechischen Frauen und Mütter verfolgen! Und diesen Männern seid ihr nachgelaufen? Ihnen habt ihr euch angeboten? Ihr Hofieren habt ihr euch gefallen lassen? Nein, ich bin überzeugt davon, daß ihr nicht überlegt habt, daß ihr unbedacht gehandelt habt und sich das nie wieder, nie mehr wiederholen wird, daß ein tschechisches Mädchen mit einem Deutschen spricht, sich mit deutschen Soldaten amüsiert. Bloß das nicht! Denn sicherlich wollt ihr heiraten, eine Familie und euren Haushalt gründen – glaubt ihr denn, daß dieser überhebliche, in seine »saubere Rasse« vernarrte Deutsche euch heiraten oder sich auch nur einmal in seinem Leben an diese »Bastard-Tschechin« erinnern wird, die ihr für ihn seid? Für ihn seid ihr nur ein Weib, das während der Zeit für ihn gut war, als er die »bolschewistische Tschechoslowakei belagerte«.

Wenn ihr euch mit einem Deutschen einlaßt, schließt ihr euch automatisch aus der tschechischen Gesellschaft aus – von den Mädchen, unter denen sich der tschechische Mann seine Partnerin fürs Leben sucht. All diejenigen um euch herum, die euer Handeln heute sehen und schweigen, werden eines Tages mit euch abrechnen. Da könnt ihr sicher sein – und das zu recht. Redet euch nicht damit heraus, daß ihr damals, als der deutsche Soldat zu euch kam, Angst hattet abzulehnen. Warum? Wieviele Male habt ihr zu einem tschechischen Jungen »Nein« gesagt, weil ihr nicht mit ihm tanzen wolltet? Es ist kein Gesetz, daß eine Frau mit jemandem tanzen muß, mit dem sie nicht will. Auch wenn sie allein in einem Vergnügungslokal ist, geschweige denn mit den Eltern oder dem Freund! Ihr habt das Recht abzulehnen, aber ihr habt kein Recht, euch auf die Angst herauszureden.

Eine tschechische Frau, ein tschechisches Mädchen fürchtet sich nicht! Ihr, Frauen, die ihr in eurer Umgebung solch schwache Wesen habt, redet ihnen ins Gewissen.

Und noch eine verantwortungsvolle Aufgabe für die Frauen: Haltet eure Männer davon ab, nach Deutschland arbeiten zu gehen! Dreihunderttausend Paar Hände von uns hat man schon dorthin gebracht – wißt ihr, was das bedeutet? Wißt ihr, was das für ein Schaden am Volksvermögen ist, daß diese Dreihunderttausend einer Entnationalisierungs-Maßnahme ausgesetzt sind und ihre Gesundheit wegen schlechter Nahrung und schwerster Arbeit aufs Spiel setzen? Ihr wißt nicht, was sich hinter dem Lockmittel dieser paar Mark, die sie euch vielleicht aus Deutschland schicken können, alles verbirgt, falls sie es schaffen, sie sich vom Munde abzusparen, und hungern! Nicht ohne Grund kämpfen die Arbeiter in den tschechischen Arbeiterkolonien in Deutschland, weil die schlechte Kost, die ihnen für schwer erarbeitete Mark teuer verkauft wird, nicht zu essen ist, ihren Organismus zerstört und ihnen nicht genügend Kraft für die Arbeit läßt. Wenn sich unsere Arbeiter in Deutschland wenigstens ein bißchen satt essen wollen, müssen sie bestimmt noch einmal soviel ausgeben, als ihnen gesagt wurde, was sie die Nahrung kosten würde! Seine Arbeiter hat Deutschland in Kriegsuniformen gesteckt – deshalb diese Geste der Beschäftigung unseren Arbeitslosen gegenüber. Und sie erweisen diese »Wohltat« nicht nur den Böhmen und Mähren, auch Slowaken und sogar dänische Arbeitslose sind dort bei der Arbeit – ungefähr 11 000. Der Abtransport unserer Männer nach Deutschland bedeutet einen Verlust an Arbeitskräften bei uns, der sich bisher am spürbarsten in der Landwirtschaft ausdrückt. Das ist für Deutschland eine willkommene Gelegenheit, eine weitere »wohltätige« Geste zu tun und den tschechischen Bauern Nazi-Studenten zu schicken, die ihnen bei der Ernte helfen sollen. Davor werden sie allerdings in einem dreiwöchigen »Einführungslager« gehörig über ihren Spionage-Auftrag auf dem Gebiet des Protektorats instruiert.

Laßt eure Männer nicht nach Deutschland, ihr zerstört damit euer Familienleben, ihr macht damit das Volk arm und spielt es in die Hände unserer Feinde. Denn dieses Werben nach Deutschland ist nichts anderes als eine Säuberung vom aufrührerischen tschechischen Element, das Deutschland ungemein gefährlich werden könnte, wenn es zum Krieg oder zur Revolution kommen sollte!

Und jetzt, Frauen, lege ich euch die vielleicht schwerste Aufgabe ans Herz! Vielleicht wißt oder ahnt ihr, daß euer Mann, Bruder, Sohn oder Geliebter heutzutage für eine große Sache, für die Behebung des Unrechts arbeitet, das an uns begangen worden ist. So wie ihr mit Tränen in den Augen, aber mit stolzem, tapferen und begeisterten Herzen eure Männer, Brüder und Söhne letztes Jahr im September zu den Schützengräben und Befestigungsanlagen unserer tschechoslowakischen Grenzen geschickt habt, mit den gleichen Gefühlen müßt ihr jetzt zu ihnen halten! Frauen, das heute ist auch Krieg – Krieg in der Illegalität, um nichts weniger verantwortungsvoll und unter weit schwierigeren Bedingungen.

Wenn ihr Angst um eure Lieben habt, verbergt eure Sorgen auf dem Grund eures Herzens, laßt es sie nicht wissen... Bringt sie nicht von der Aufgabe ab, die heilig ist, heiliger als alle anderen der Welt. Wenn ihr könnt, so helft ihnen. Wenn ihr nicht könnt, bestärkt sie, unterstützt sie durch eure Anteilnahme, eure Ruhe, durch euer vorbildliches Verhalten. Steht ihnen nicht im Wege! Versteht, daß das, was Deutschland mit uns macht, das Ergebnis der Bemühung ist, uns auszurotten! Unterstützt deshalb den antideutschen Widerstand auf andere Weise, verbreitet ihn selbst, stützt euch dabei auf die Wirklichkeit, die niemand weder leugnen noch entkräften kann – auf die Verhältnisse, wie sie sich bei uns seit dem 15. März entwickelt haben. Sie werden uns nicht vernichten, nicht entwurzeln, wenn sich die tschechischen Frauen ihrer patriotischen Pflicht bewußt sind, wenn sie an der Seite ihrer Männer stehen und wenn sie beweisen, daß sie ihrer Männer – guten Tschechen – würdig sind!

Seid aber vorsichtig! Riskiert nicht eure und eurer Männer Sicherheit. Wir brauchen uns alle gegenseitig, je mehr wir sind, desto besser. Fest zusammengeschlossen – gehen wir alle einem Ziel entgegen. Das Wort FREIHEIT ist in feurigen Buchstaben in unseren Herzen eingeschrieben.

Frauen, seid so, daß die Männer von uns sagen können, daß die ganze Welt von uns sagen kann: »Auf die tschechischen und mährischen Frauen ist immer Verlaß!«

Jana Cerná
MILENA JESENSKÁ
Eine Biographie

Aus dem Tschechischen
von Reinhard Fischer
ISBN 3-8015-0204-X

Jana Cerná war ein junges Mädchen, als sie ihre Mutter, Milena Jesenská, 1940 in den Gängen des Prager Pankrác-Gefängnis ein letztes Mal sah. Vier Jahre später mußte sie vom Tod der Mutter erfahren, deren Name in den darauf folgenden Jahren in zweierlei Zusammenhang auftauchte: Während Milena Jesenská in der Tschechoslowakei wegen ihrer antistalinistischen Haltung als Journalistin und als Häftling des Konzentrationslagers Ravensbrück zur Persona non grata erklärt wird, gerät im deutschsprachigen Raum im Zuge der Veröffentlichung von Kafkas »Briefe an Milena« ihr Privatleben in den Blickpunkt der Öffentlichkeit.

Aus eigenen Erinnerungen, aus Berichten von Freunden und Feinden, Briefen und Artikeln läßt Jana Cerná das schillernde Bild einer Frau entstehen, die voll merkwürdiger und unbegreiflicher Widersprüche war, aber niemals aufhörte, für das zu kämpfen, was ihr wichtig war, und der es immer aufs neue gelang, den Dingen einen Sinn zu geben und die Menschen ihrer Umgebung mitzureißen. Mit der Schilderung des Lebens ihrer Mutter ist der Autorin ein äußerst persönliches und zugleich zeitgeschichtliches Zeugnis gelungen.

Verlag Neue Kritik • Kettenhofweg 53 • 60325 Frankfurt

Milena Jesenská

ALLES IST LEBEN

Feuilletons und Reportagen 1919-1939

Aus dem Tschechischen
von Reinhard Fischer u.a.
ISBN 3-8015-0192-2

Der Band versammelt eine Auswahl aus dem journalistischen Schaffen von Milena Jesenská (1896-1944). In den frühen Feuilletons spürt man ihren Sinn für Schönheit und den subtilen Blick für die Vielfalt des Lebens. In den späteren Reportagen erweist sie sich als sensible Kommentatorin der herannahenden europäischen Katastrophe. Darüber hinaus erzählen die Texte vom reichen und stürmischen Leben der Autorin im Wien und Prag der Zwischenkriegszeit.

»Die Herausgeberin ... gibt uns so zum ersten Male wirklich Gelegenheit, Milena Jesenská als Intellektuelle im Kontext ihrer Epoche und als selbstdenkende Frau enormer Widersprüchlichkeit zu begreifen, immer gedrängt von ihrem Trieb nach sinnvoller Tätigkeit und nach einem einfachen Glück.«

Peter Demetz

»Ein Buch, das man seinen Freunden schenken und mit lauter Stimme auf den Straßen rühmen möchte, von dem man wünscht, es in der Metro in den Händen Fremder zu sehen, die einem dadurch nah und vertraut werden, selbst im größten Gedränge ...«

Jorge Semprun

Verlag Neue Kritik • Kettenhofweg 53 • 60325 Frankfurt